プチ
スピリチュアル お祓《はら》いブック

スピリチュアル
カウンセラー
江原啓之

はじめに

あなたの願いを叶える、お祓いの神秘的《スピリチュアル》な力《パワー》。

世の中の人々は、たとえスピリチュアルな世界が実際に見えなくとも、神秘な力の働きを敏感に感じています。

たとえば、割れた鏡や、長くかわいがっていた人形は、どう処分したらいいのか？　別れた恋人からもらった指輪はそのまま持っていていいのか？

多くの人は、こういった事柄は無神経に扱ってはいけないと、無意識に、またインスピレーションで感じとっています。「お祓いなんて今さら」と思われがちな現代でも、人々がこうした不安を感じるのは、人間がスピリチュアルな存在である証《あかし》なのでしょう。また、物質的価値観ばかりが幅を利かせている現代だからこそ、神秘の大切さをたましいが訴えているのかもしれません。

では、なぜこういったことを無神経に扱うべきではないと感じるのでしょうか。それは、スピリチュアルな法則に沿って「念」の力が働いているからです。

そこで、今回私は、みなさんのこうした疑問、不安への具体的対処法を一冊の本にまとめました。但し、本書に書かれた方法や付録の護符などを使えば、すぐに霊験あらたかな効果を得られるというわけではありません。あくまで大切なのは誰もが持つ「念」、思いの力の効果を知ることです。護符はあくまで補助として、念を強化する助けをするものです。念は「対象物」があったほうが込めやすいからです。

付録の護符の原紙は、私が念を込めて作りました。その上にみなさんの念の力をのせ、より効果を発揮させてください。

念の力は私たちの毎日にとても大きな影響を与えます。不安はネガティブな念となり、ともするとネガティブなことを呼び込んでしまうこともありますが、ポジティブな思いを強く持てば、強力な念となって幸運を呼び込んでくれるはずです。

本書により、みなさんの不安が一つでも多く安心に変わり、心おだやかな毎日をすごせますようお祈りしております。

江原啓之

3 恋愛に効くお祓い♥
The Exorcism for Love

4 健康になるお祓い
The Exorcism for Health

5 人間関係がよくなるお祓い
The Exorcism for Relationship

6 日常生活に役立つお祓い

The Exorcism for Daily Life

7 スピリチュアル・ライフに関するお祓い

The Exorcism for Spiritual Life

8 お祓いのやり方&スピリチュアル・テスト
How To Exorcise & Spiritual Tests

1

The Exorcism
to be Happy

幸運体質
になるお祓い

Q

ツイている人とツイていない人の違いは、何？チャンスをつかみ、幸運を招くお祓いは？

A

お祓い

チャンスを逃がさないような直感を磨くには、野菜中心の食事と6時間睡眠、植木を暮らしに取り入れて。

「私ってツイてない」と言う人がいますが、それは間違い。誰にだって、好調な時期はあるし、なんだか冴えない時期もあります。二つは波のように交互に訪れ、周期の幅が長めの人と短めの人がいるだけです。

それにもかかわらず、ツイているように見える人とは、好調な時期を逃がさない人のこと。ツイていない人とは、せっかくのチャンスに気づけない人や、気づいても「どうしよう」と迷っているうちに逃がしてしまう、タイミングの悪い人のことです。

たとえば回転ずしで、食べたいおすしを絶対

に逃がすまいと思ったらどうしますか？　手元のおすしを食べながらも次の皿がまわって来る右斜め前の方向をつねに意識しますね。そしてお目当てが近づいて来たら、ぱっと手を伸ばしてお皿を取ります。人生もこれと同じ。チャンス到来の小さな前ぶれにも気づけるような直感の冴えと、絶対にチャンスをつかむぞという念力と集中力が大切です。

　直感を日ごろから冴えた状態に保つためには、一日に一度でも心を静寂にしてください。体調管理も怠りなく。食事にも気を配ること。肉食を減らすと感覚が鋭敏になります。質のいい睡眠をとることもとても大事。スピリチュアル・ワールドの門が開くと考えられている丑三《うしみ》つどき（午前2時〜2時半）に一番深い眠りがくるように夜中の0時より前にふとんに入りましょう。睡眠時間は6時間くらいがベストです。

　部屋に植木を置くことや、パワーストーンを持ち歩くこと、氏神様にお参りすることも、直感を冴えさせてくれます。

Q

日ごろのストレスのせいか、身体がだるくて心も憂鬱。すっきりと気分をリフレッシュしたい。

A

お祓い

勢いよく息を吐く呼吸法か、時間をかけた入浴で、体内にたまっている汚いエクトプラズムを吐き出す。

人間の持つ、目には見えない生体エネルギーのことを「エクトプラズム」と言います。私たちがストレスや疲れ、憎しみや不満などのネガティブなエネルギーをため込むと、このエクトプラズムは黒く汚れていきます。

身体がだるい、やる気が起きない、愚痴を言ってしまいがちというときは、体内に汚れたエクトプラズムがたまっているのです。こうなると、ホコリがいっぱいたまった掃除機と同じで、新しいものを吸い込む力が湧いてきません。ため込みすぎる前に、エクトプラズムを吐き出してリフレッシュしましょう。

いつでもできるのは、その場で息を止めて、勢いよく吐き出す呼吸法。肺活量の検査のときのように思いきり吐くと、息といっしょに汚いエクトプラズムが出ていきます。〝ネガティブなエネルギーを全部出しきるぞ〟と念じ、丹田《たんでん》(おへその下あたり)を手で押さえながら行うと、いっそう効果的です。

一番のおすすめは入浴法です。いつもより時間をかけてお風呂に入り、たっぷり汗をかきましょう。エクトプラズムは身体じゅうの穴という穴から出るので、入浴で全身の毛穴が開くと、大量のエクトプラズムの洗い流しができるのです。湯船につかって温まり、外に出て身体を洗い、また湯船につかる。この反復浴を最低2回はくり返すと、ただ長く浴槽に入っているより、ずっと効果的に汗をかくことができます。サウナももちろん、効果抜群です。

これで「さあ、またがんばるぞ!」と、新しいエネルギーが湧いて、気分もリフレッシュできます。

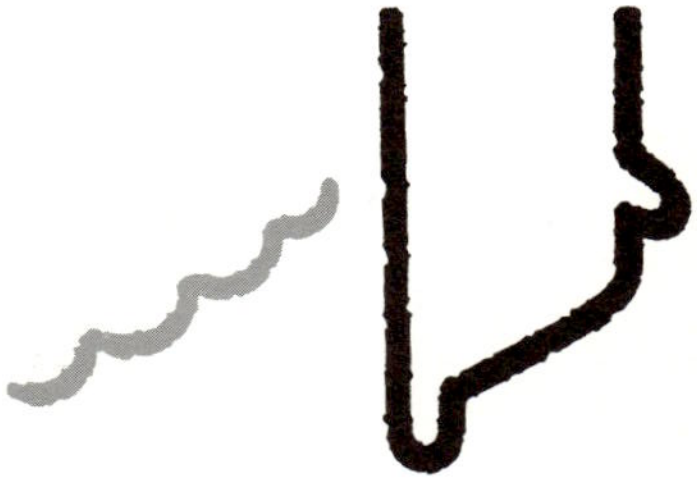

Q

人見知りするせいか、愛想が悪いと言われます。第一印象を良くするには、どうしたらいい？

A

お祓い

明るい表情と溌剌とした声でアピール、オーラカラーを身につければ、さらにあなたの長所が輝きます。

出会ったばかりの人は、まず目と耳をたよりに、あなたを知ろうとします。そしてあなたが醸し出すオーラ（たましいのエネルギー）をも、自分のオーラを通じて無意識に感じとっています。つまり、まず相手の目と耳に好印象を与え、オーラにポジティブな輝きを持たせることが、

いい第一印象を持ってもらうポイントなのです。

目に見える部分では、自分自身のオーラカラーを身につけましょう。P.116のテストで、自分のオーラカラーをチェックしてください。その色を身につけると、あなたの長所がはっきり相手に伝わります。全身をその色にする必要

はありません。服の一部、バッグなどの持ち物、またはマニキュアなどに取り入れるだけでOK。たとえ一カ所でも、その色が相手の視覚に効果的に訴えるよう着こなしを工夫しましょう。

表情はできるだけ明るく。ちょっと口角を上げるだけでも、ずいぶん印象が違います。表情

にはあなたのオーラの輝き、つまりたましいの状態が正直に表れますから、「どう思われているんだろう」「嫌われたらどうしよう」といった不安や恐れは極力持たないようにしましょう。

耳に聞こえる部分では、言霊《ことたま》と音霊《おとたま》に気を配ってください。言霊とは言葉の持つエネルギー。愚痴や悪口などのネガティブな言葉は使わず、「ありがとう」や「よろしく」といった前向きな言葉を心がけて。

音霊、つまり声の質も、印象を大きく左右するポイント。お腹の底から**大きめの声を**出し、はっきりとした発音で話しましょう。低いよりは**高めのトーンの声**のほうがハツラツとした印象を与えます。

Q

このごろツキがなく、どんな努力も空回り。つらい「不運期」を乗り越える方法は？

A

お祓い

不運期は、次のチャンスに備える「仕込み」の期間。パワースポットでエネルギーを充電しながら、実力を磨きましょう。

人生にはパッとしない時期もあります。でもこれを「不運期」とするのは間違いです。「不運期」は、エネルギーが衰え、判断力も鈍る「静寂期」ととらえ、「幸運期」である「行動期」が巡ってくるまでの待ち時間と考えましょう。

「静寂期」には、身体がなんとなくだるい感じになります。精神的にも外に向かわず、活発に動くより穏やかな生活を望むようになります。その変化により「最近おとなしいね」と人から指摘されることもあるでしょう。部屋に置いた植木が、元気のないあなたにパワーをくれる代わりに枯れてしまうこともあります。

「静寂期」は、心身とも絶好調の「幸運期」と違い、積極的な行動には向きません。友人関係などの私生活は別として、仕事や結婚に関しては、チャンスが少ないのも特徴です。転職、転居、結婚など、人生のターニングポイントになることは、この時期には見合わせるか、行うとしてもくれぐれも慎重に。

逆にそんな「静寂期」にこそ、ぜひ励むべきことがあります。それは、次の「行動期」のための「仕込み」です。華々しい活気がない分、何かを学んだり、免許や資格を取得したりするには絶好のチャンス。この時期にどれだけ「仕込み」をしたかが次の「行動期」の輝きを決めます。

やる気を湧かせるために、時には海や山などのパワースポットへ出かけるといいでしょう。海には浄化、山には癒しの力があります。次の「行動期」の到来をキャッチできるよう直感も磨いて。そのために、自然に囲まれた神社や、富士山、高尾山、熊野山などの霊山を訪れることをおすすめします。

Q

毎日似たようなことのくり返しで、テンションが下がりぎみ。こんなマンネリ状態から、どうしたら脱出できますか?

A

お祓い

気持ちが新鮮さをなくしていたら、「自分のモデルチェンジ」を。色のパワーを借りて「なりたい自分」に変身しましょう。

変化に乏しい毎日は、ある意味では平和でいいけれど、そのままでは心まで活力を失ってしまいます。そんなときは発想の転換を。まわりの状況が変わらなければ、まず自分が変わればいいのです。でも、マンネリに陥っていると、新しい発想もなかなか湧いてきませんね。そこで有効なのは「自分のモデルチェンジ」。部屋の模様替えをするように、自分の模様替えをしてあげるのです。内面が変われないなら外面から変えるという、〝カタチ〟から入る作戦。それは必ず内面の転換にも効果を上げます。

たとえば髪形を変える。失恋したとき髪を切るように、髪形を変えることはとても大きな気分転換になります。

　または、**色のパワーの活用**もおすすめです。色には心にアピールする大きな力があります。今、あなたが持っている服をチェックしてください。自分では、いろいろな服にチャレンジしているつもりでも、意外と似た色ばかり着ていませんか？　最近はモノクロ系の服を着る人が多いので、色それぞれが持つパワーはますます生かされなくなっています。マンネリの打破には、ぜひこれを有効活用しましょう。

　P.117のオーラカラーの特徴を参考に、自分が今ほしいパワー、補いたいパワーを持った色を積極的に身につけてください。たとえば、

闘志を持ちたいときは情熱の赤を。落ち着きたいときは知的な青を。心に余裕がないときは陽気な黄色を。気位を持ちたいときは金や銀を。金や銀なら、かなりインパクトがあるので、服の刺繍の糸として少し入っているだけでも、十分効果が期待できます。

Q

孤独に感じるとき、寂しくてたまらないとき、どうしたら自分の気持ちを癒せますか？

A

お祓い

「アルバム法」で、自分に注がれてきた愛を見つめ直せば、「愛の電池」が満たされ、寂しさが癒されます。

自分がひとりぼっちに思えて、寂しくてたまらなくなるのは、あなたの「愛の電池」が切れかけてしまっているときです。

人間は「愛の電池」とも呼べる存在です。愛に満たされていてこそ、自由にいきいきと力を発揮できる生き物なのです。「愛の電池」が不足していると、人を愛せなくなり、電池の切れかかったロボットのように、何をするにも動きがギクシャクとしてしまいます。

でも本当は、愛されていない人などこの世に一人もいません。あなた自身、赤ん坊のときから、誕生を祝い、おしめを替え、歩き始めれば手を叩いて喜んでくれた人たちがいたはずです。学校へ行けば、努力をほめてくれた先生や、一緒に遊んだ友だちがいたはずです。

そんな愛を再び感じるために、「アルバム法」をぜひ行ってください。あなたが愛を受けて育ってきたことを証明する写真を集めて、一冊のアルバムに収めるのです。

両親に抱かれてお宮参りに行った赤ん坊のときの写真。先生やみんなとお弁当を食べている小学校の遠足の写真。友だちとふざけて笑っている学生時代の写真。これらを集めた「ポジティブ・アルバム」をあなたの宝にしてください。元気のないときにそっと開けば、「愛の電池」が充電され、新しい勇気が湧くはずです。

もう一つ忘れずにいてほしいのは、あなたにはガーディアン・スピリット（守護霊）という「たましいの親」がいて、いつでもあなたを見守ってくれているということ。スピリチュアルな世界から、大きな愛であなたを応援してくれている存在を思い出せば、必ず励まされるはずです。

Q

衝動買いや過食症、拒食症…、なかなかやめられない、困った悪癖を断ち切るには？

A

お祓い

困った癖は、寂しさを紛らすための代替行為。早めに護符や人形《ひとがた》でお祓いして、憑依を取り除きましょう。

人間は、さまざまな悪癖にはまり込むことがあります。たとえば過食症や拒食症、ショッピング・シンドロームや借金癖、アルコール依存症や浮気癖など、自分でも悪いと思いながら、なぜかコントロールできなくなってしまいます。これらはすべて寂しさ、つまり「愛の電池」不足が原因。本当は一番ほしい愛が満たされないために、誤作動を起こした心が、別のもので隙間を埋めようとしてしまうのです。

そこから抜け出るには、「どうしても直したいんだ」という強い念を必ず持たねばなりません。P.21のアルバム法で、「愛の電池」を徐々に満たしていきましょう。

　悪い癖をエスカレートするに任せておくと、同じような寂しさを持った霊に憑依される可能性が出てきます。憑依されると、身体がだるくなったり、考えが上手くまとまらなくなってしまうこともあります。そうならないうちに、早めに付録の護符（P.122参照）か人形《ひとがた》（P.125参照）でお祓いをしてください。

　護符を使う場合は、方法が二つあります。〝祈願〟の方法で行う場合は、願意に「霊的守護」と書いてください。〝お祓い〟の方法で行う場合は、願意に「憑依」と書いてください。どちらも等しく有効です。

　人形を使うときは、自分に悪癖をくり返させている邪気を、すべて人形に込める思いで行ってください。

　また、P.13に書いた入浴法と、その場で息を止めて強く吐き出す呼吸法も簡単な「自己除霊」の方法です。まだ憑依が軽いうちは、これらでお祓いできるでしょう。

Q

失敗が怖くてなかなか勇気が出ません。前向きになれる自信をつけるにはどうしたらいいですか？

A

お祓い

経験の積み重ねこそ、自信の源。お宮参りもおすすめです。

はじめから自信のある人はいません。自信をつけるには、とにかく経験を積むことです。そして時にはお宮参りを。がんばるあなたに、神社はエネルギーを補給してくださいます。

すべての神社の元となるエネルギーは、共通の一つの光です。ただその中でも、神社ごとの特徴のようなものがあります。知恵がほしいときは埼玉の秩父神社、主体性を持ちたいときは埼玉の大宮氷川神社、突破する力がほしいときは伊勢の猿田彦神社、気持ちを立て直したいときは宮崎の高千穂神社など、授かりたいパワーに応じた神社に詣でるといいでしょう。

2

The Exorcism for Working

仕事

が上手くいくお祓い

Q

試験、面接、発表会、試合、コンクールなど、ここ一番というときに実力を発揮できる秘策は？

A

お祓い

実力をパーフェクトに発揮している自分をリアルにイメージしましょう。集中力を研ぎ澄ませるには、オーラ・マーキング、小食、卵オーラ法を。

スポーツ選手はよく試合の前に、パーフェクトにプレイしている自分をイメージしています。これは試験や面接、発表会などにも応用できます。前夜や当日の本番前に、P.40の方法でメディテーションを行い、手順⑤のところで、自分が持てる限りの実力をいきいきと発揮している姿をリアルに思い描いてください。

本番で緊張しそうな人は、受験やコンクールなどの会場などに事前に足を運び、自分のオーラをその場所に付着させておきましょう。あなたの歩いた地面、呼吸した空気、触ったところにオーラが残ります。その効果で、次に来たときも、安心してリラックスできるのです。この方法を私は、ペットのマーキングになぞらえて「オーラ・マーキング」と呼んでいます。

本番で一番大切なのは集中力です。しっかり集中できていれば、上がることもなくなります。集中力を高めるポイントは「小食」。大事なことに集中させるべき体内のエネルギーを消化にばかり使ってはいけません。かといって空腹でふらふらしても困りますから、糖質を少しだけ取りましょう。消化が良く、食べるとすぐエネルギーに変わるバナナやココアなどはおすすめです。

試合やコンクールのように、自分と同時にその場に挑むライバルがいるときは、あらかじめ卵オーラ法（P.78参照）を行っておきましょう。相手の「失敗してほしい！」という雑念をシャットアウトできます。

「心願成就」と書いて祈願した付録の護符（P.122参照）や、パワーストーンをお守りとして持ち歩くと、いっそう心強く本番を迎えられるでしょう。

Q

自分が目指している分野で成功し、長年の夢を叶えるには、どうしたらいいですか?

A

お祓い

まず努力を積んで実力をつける。そのうえで、あなたが目指す分野を得意とするスピリットのサポートをお願いしましょう。

成功するとは、十分な努力を積んでつけた実力を120%出し切ることです。実力は努力しだいで誰でもつけられますが、同じように成功に欠かせない才能はどうでしょうか?

私たちは一人ひとり、スピリチュアル・ワールドに「グループ・ソウル」というスピリット(たましい)の家族を持っています。守護霊や前世のスピリットなども含むその家族は、実は、あらゆる才能の宝庫なのです。

想像してみてください。あなたに一番近いグループ・ソウルには何人ものスピリットが属しています。そして、それぞれのスピリットにまたグループ・ソウルがあり、その上にもまたグループ・ソウルがあります。そのようにスピリットとスピリットのつながりは、果てしない逆ピラミッド型に広がっているのです。その中にはあなた自身が得意な分野はもちろん、苦手とする分野の才能を持つスピリットも必ずいます。

たとえば、経理や会計の道を志すなら、計算が得意なスピリットにたどりつけるわけです。「成功したい」と思うあなたの動機が純粋であり、強い念力を持てば、あなたがサポートを必要としている分野のスピリットに必ずアクセスできます。スピリットの手助けを受け入れられるよう、常日頃の努力も怠りなくしてください。

サポートを受けるためには、P.40のメディテーションを。手順⑤のところで、実力を存分に発揮している自分をイメージしてください。付録の護符も活用できます。願意に「心願成就」「○○合格」「○○の資格取得」などと夢を書き、祈願の方法で念を込めてください。願意は具体的であるほど、念力が強くこもります。

Q

職場のチームワークを高めて、仕事の効率アップを図りたい。

A

お祓い

ミーティングによってメンバーのオーラの調和を図り、花や植木で職場のエネルギーを浄化しましょう。

仕事に個人プレイはあり得ません。一つの仕事を成功させるには、関わるメンバーのエネルギーが共鳴していることが絶対条件です。

そのためにはミーティングを大事にすること。業務の打ち合わせだけでなく、和気あいあいと食事をする機会も取り入れましょう。最近は勤務時間以外、会社の人とつき合うのはいやと考える人が多いようです。でも「同じ釜の飯を食う」ことは、オーラを調和させるうえでとても大切。

そんな日本的な考え方は時代遅れと思うかもしれませんが、欧米のビジネスの場でも朝食ミーティングやランチミーティングは盛んに行われています。朝や昼は頭が冴えていますし、時間が限られているので有効に過ごせます。とてもクレバーなやり方だと思います。

　仕事がはかどるよう、職場のエネルギーもきれいにしましょう。整理整頓と換気はできるだけこまめに。また、最近はＰＣを使う仕事も多いので、神経が疲れがちです。花や植木を置いてエネルギーを浄化させてください。大きい鉢が無理なら、机の上に小さなグリーンを置くだけでもＯＫ。ＢＧＭを流せばエネルギーのよどみが解消できます。

　あなた自身の心身が不調なときは、全体の調和を乱さないよう気を配りましょう。疲れて元気が出ないときは、P.119の鎮魂法を行えば、エネルギーが徐々にたまっていきます。共同作業の中で、つい感情が表に出てしまいそうなときや、最近何かと攻撃されやすいというときは、P.78の卵オーラ法を行うと、自分を守る強いオーラができます。

Q

いいアイデアが次々と生まれるように
インスピレーションが冴えるお祓いが知りたい。

A

お祓い

雑念を払い、「ふりたま」を行って精神統一をすれば、
インスピレーションというスピリチュアル・ワールドからの返信があります。

インスピレーションはスピリチュアル・ワールドからの贈り物です。ただし、いいインスピレーションを授かるには、当然準備が必要です。たとえば上手な文章を書きたい場合、豊富なボキャブラリーや知識を蓄えておかなかったら、せっかくインスピレーションを授かってもそれを表現することができません。スピリチュアル・ワールドも、インスピレーションを生かせそうな下地のある人を選んで送ってくるのです。

もう一つ大事なのは邪心をなくすこと。話題になるような作品を世に発表してちやほやされたいという不純な動機では、高い波長はキャッ

チできません。書くことが楽しくてたまらない、人に喜んでもらえて嬉しい、そんな純粋な気持ちが大切です。

インスピレーションを高めるのに一番いい方法が「ふりたま」による精神統一です。静かな場所でイラストのように正座をし、肩の力を抜いて、おにぎりを握るように両手を重ね合わせます。そのとき両手の中に自分のたましいがあるとイメージしてください。その両手を、おへその前で、玉を振るように動かします。頭の中は空白にし、「私のたましいをきれいに浄めてください」と念じましょう。しだいに雑念やネガティブな思いが浄化されていき、静寂の中でふと、いいひらめきを授かります。

しかしインスピレーションの訪れにも波があるので、すぐにはひらめかないこともあります。そこでいらだってしまうと波長がネガティブに。「送信」が済んだら、焦らず「返信」を待ちましょう。掃除や散歩など、頭がリラックスしているときに「返信」はよく来るものです。

Q

苦手な人もいて、職場に上手くとけこめません。みんなと仲良く楽しくやっていく方法はありますか？

A

お祓い

オーラ・マーキングで、自分のオーラを職場になじませましょう。聞き上手、ほめ上手になることも上手なコミュニケーションのコツ。

人間は基本的に、生活のために仕事をするのです。職場に楽しさや心地よさばかりを求めすぎてはいけません。苦手な上司や同僚と折り合いをつけながら過ごすことは、あなたのたましいの成長を促すとてもありがたい訓練なのです。

それでも性格的に引っ込み思案な人や、口下手なために誤解されやすい人は、自分から周囲と和合していくテクニックが必要となります。

一番いいのはP.26のオーラ・マーキング。職場のムードにとけこむために、朝早く出社したり、夜は残業するなどして、自分のオーラを職場になじませましょう。新入りのうちはお茶くみやコピー取りをいとわないこと。ものを配るとき、その手から自分のオーラも配られます。雑用のように見えるお茶くみも、あなたの存在感をみんなに浸透させる絶好のチャンスなのです。

職場のムードメーカー的な人に近づくのも一案。なるべくその人のそばにいてオーラを重なり合わせましょう。ムードメーカー的な人のオーラは、職場のみんなに影響力がありますから、あなたのオーラも職場全体のムードと調和していきます。

言霊《ことたま》にも気を配ること。前向きな言葉を使い、聞き上手、ほめ上手になりましょう。人間関係がぎくしゃくしがちな人は、言霊の使い方が下手なことがほとんどです。仕事上どうしても苦

言を呈さなければならないときは、同時にその倍以上、相手をほめましょう。苦言とほめ言葉、3対7を心がけてください。どんなに頑固で意地悪な人も、ほめられれば善人の部分を見せてくれます。そうすればますます、お互いにいい意思疎通ができるようになります。

Q

自分の才能を生かし、心から夢中になれる〝生きがい〟といえる仕事を見つけるには？

A

お祓い

生きがいとなる「天職」は、「内観」によって必ず見つかります。メディテーションを行い、好きなことを書き出してみましょう。

やりたい仕事、生きがいがわからないと悩む人は、「適職」と「天職」の違いがわかっていないことが多いようです。自分の技能を生かし、生活のためのお給料をもらうのが「適職」。これに対し「天職」は、自分が心から好きなこと。収入は度外視して、才能をのびのびと生かし、それをすることによりたましいに喜びが得られることを言います。この二つはあくまでも別。混同させようとすると苦しくなるばかりです。二つをバランスよく使い分けることが人生を充実させるコツです。

「適職」は生活のためと割り切り、生きがいはこの年で始めてもモノにならないとか、お金にならないとかいった物質的な邪念を捨て、ありのままの自分を内観（自分自身をよく見つめること）すれば、自分を輝かせる才能は必ず見つかります。

まずメディテーションを行いましょう。P.40の手順に従い、手順⑤で、いきいきと輝いて活動している自分を思い浮かべます。終わったら次の問いへの答えを紙に書き出しましょう。

①子どもの頃、やっていて一番楽しかったこと
②子どもの頃、周囲の人にほめられたこと
③周囲の人に止められてもやりたかったこと
④学校での得意科目、不得意科目
⑤どんな習いごとをどのぐらい続けたか
⑥忘れられない本、映画、音楽
⑦今、やっていて一番楽しいこと
⑧職場で認められている特技
⑨他人の知らない特技
⑩これからしたい習いごと

内観が深まったら、最後に護符を書きましょう。付録の護符を使い、願意には「道開き」と書いて、祈願の方法で念を込めてください。やがて生きがいを見つけ出すヒントが見つかるでしょう。

Q

仕事上のミスやトラブルから、ポジティブに立ち直る方法はありますか?

A

お祓い

いったんエネルギーを切り替えること。パワーストーンも強い味方に。

仕事にミスはつきもの。くよくよせず、煮詰まったら一度エネルギーを切り替えましょう。何かを食べに行くとか、長いスパンでの仕事であれば数日仕事を離れるのも一案です。チーム全体での失敗なら、ミーティングを公園などいつもと違う場所で行うと、いい気分転換に。

ミスしてしまうのは、精神状態がクリアでないときです。パワーストーンや、付録の九字切りシールA（P.120参照）を身につけ、オーラを浄化させましょう。また、残業は避け、昼型に切り替えること。夜は思いがネガティブに傾くので、トラブルを起こしやすいのです。

3

The Exorcism
for Love

♥

恋愛
に効くお祓い

Q

いつまでも一緒にいたいと思える、理想の恋人とどうしたら出会えるのでしょうか？

A

お祓い

メディテーションで、理想の恋愛を楽しむ自分を思い描きましょう。イメージ力が高まってきたら、出会いはもうすぐです。

宿命の相手は、実は一人ではありません。人生で出会うすべての異性が、あなたの「宿命の海」の中を泳ぐ魚たちです。あなたはその「宿命の海」から、一番の大物を念力で釣り上げればいいのです。それには、岸でじっと釣り糸を垂れているだけではいけません。時には自ら沖へ航海に出かけるくらいの気合が必要です。

出会いへの念力を高めるために、付録の護符（P.122参照）を使いましょう。願意を「良縁」とし、祈願のやり方で念を込めてください。

次のメディテーションも効果的です。

①静かな部屋で一人の静寂の時間を持ちます。

②深呼吸を3回して心を落ち着けます。

③柏手を2回打ちます（邪気を祓い、ガーディアン・スピリットに合図するためです）。

④ガーディアン・スピリットに意思を表明します。「これからメディテーションをして、理想の状況をイメージします。それが私にとって正しければ受け入れてください。間違いがあれば修正を加えてください」と声に出します。

⑤軽く目を閉じ、理想のイメージを思い浮かべます。この場合は、恋人とつき合っている映像を、できるだけ細かいシチュエーションまで視覚化しましょう。途中でなんとなく違和感を覚えるシーンがあったら、ガーディアン・スピリットが「それは違うよ」と知らせてくださっている可能性があります。

⑥もう十分だと感じたところでやめ、ガーディアン・スピリットに感謝をして終わります。かなり具体的なイメージが描けた人は、自信を持ってください。本当の出会いがもうそこまで来ている証拠です。

Q

片思いの人と、つき合いたいと思っています。相手に上手く気持ちを伝えるお祓いは？

A

お祓い

愛のオーラを込めたプレゼントを渡しましょう。手紙を書いたり、写真に話しかけたりするだけでも思いは伝わります。

以前、女の子たちが、手編みのセーターや手作りケーキなどを好きな男の子にプレゼントすることが流行りました。最近はそういうプレゼントは重苦しいと思われ、ブランド品などのやりとりが増えているようです。でもスピリチュアルな視点で見ると、思いを伝えるにはやはり手作りのプレゼントが一番なのです。一生懸命作ったあとが目に見えるだけでなく、見えない部分でも、相手を思いながら作った時間の分だけ、愛のオーラが付着しているからです。

また買ったものをあげる場合も、オーラを付着させてから渡すように。せめて一晩でも二晩でも自分の部屋に置いておいてください。枕元に置いて眠るとより効果的です。

プレゼントするほどの勇気がまだない場合は、物の貸し借りによっても思いのオーラは伝えられます。P.75のCD法を参考にしてください。

とりあえず気持ちだけでも伝えたいならば、手紙を書きましょう。実際に渡さなくても、そこに綴られた思いがテレパシーとなって相手に届きます。心を込め、PCではなく手書きで、相手への気持ちを綴りましょう。護符と同様、書くときにいかに念力を込めるかが大切なので、そのあと手紙をどうするかは問題ではありません。

相手の写真を持っている場合は、写真を壁にはり、つねに話しかけるようにすると、そのテレパシーが本人に届きます。実際に相手と話すときのリハーサルにもなるでしょう。

付録の護符も使いましょう。願意には相手の名前を書いてください。その左に「恋愛成就」と並べて書くと、より効果的です。祈願の方法にしたがって念を込めてください。

Q

待望の初デートを控え、ドキドキの毎日。どうしたら相手に好印象を与え、恋人になれますか？

A

お祓い

最初のデートには繁華街や大自然などパワースポットが最適。緊張しやすい人は、前もって下見をかねてオーラ・マーキングを。

初デートでは、場所選びが肝心です。二人のムードを盛り上げるために、エネルギーの高いパワースポットを選びましょう。

パワースポットにも2種類あります。一つは次元の高いパワースポット。海や山、森などの大自然がそうです。もう一つは繁華街などの、次元の低いパワースポット。実は、初めてのデートには、どちらとも向いています。ただ、出会ったばかりで共通の話題も少ない二人にとっては、いきなり森林浴に出かけるより、繁華街のほうが、映画館もあるし喫茶店もカラオケもあるし、何かと間が持つかもしれません。

誰でも最初のデートでは緊張するものですが、ある程度リラックスしていないと、自分の良さがわかってもらえません。どうしても緊張してしまいそうな人は、P.26にも書いたオーラ・マーキングを。デートの前に行く先々の下見をすることで、自分のオーラをデートコースに付着させるのです。これにより当日は、いつもと同じようなリラックスした気持ちでいられます。

下見しながら、楽しく会話している二人のイメージを思い描くと、ますますテンションは高まります。ただし細部までリアルにイメージしすぎてしまうと、当日の展開がイメージとあまりに外れたときに、「シナリオと違う!」ということでパニックになってしまうことがあります。

ですから、「あのカフェの、あの窓辺の席に座ろう」といった具体的な設定より、楽しい、笑い合っている、ハッピーな気分に満ちているなど、雰囲気的なことをイメージしておくといいでしょう。

当日の服や持ち物は女性なら、あまり個性的な色よりやわらかな色のものを選びましょう。ローズクォーツを持つと、やさしいオーラを放つことができます。男性なら、シンプルで清潔感のある服装を心がけて。

Q

つき合いが長くなってくると、緊張感も薄れ、馴れ合いに。二人の気持ちをリフレッシュして、愛をより深く育むには？

A

お祓い

二人で向き合ってカップル・メディテーションを行いましょう。結婚したいと望むなら、「縁結び」の護符を。

交際期間が長くなると、わがままな心もつい顔をのぞかせます。甘えすぎたり、喧嘩をしたり…。そんなとき「カップル・メディテーション」を行って、二人のオーラを改めてしっかりと融合させましょう。

手順は次のとおりです。誘導役をどちらかに決めておくと、スムーズにできるでしょう。

①二人で向き合い、両手をつなぎ合います。
②深呼吸をして、心を落ち着けます。
③二人のガーディアン・スピリットに対して「これから私たちは、二人の愛がよりよいものに育つようにメディテーションをしますので、

よろしくお願いします」と言います。

④軽く目を閉じて、まず一人が自分の「反省の言葉（今までの二人の反省すべき状況、なぜそうなってしまったと思うか）」と「希望の言葉（これからどこを改め、どうしていきたいか）」を言います。続いてもう一人も自分なりの「反省の言葉」と「希望の言葉」を言います。

⑤今の二人の言葉をまとめて、一人が「私たちは今これこれこういう反省をし、今後これこれこういう努力をしていきたいと思っていますので、よろしくお願いします」と言います。言い終わったらもう一人もくり返します。

⑥手をつないだまま、5分間ぐらい静かに内観します。このとき仲良く理想的に過ごしている二人の姿をイメージします。

⑦ガーディアン・スピリットに感謝して終了。

今つき合っている彼と結婚を望むときは、さらに護符に願いを託しましょう。願意には彼の名前を書き、左隣の行に「縁結び」か「結婚成就」と書いて、祈願の方法で念を込めます。

Q

移り気なのか、恋人がしょっちゅう浮気をします。上手くやめさせる方法はありますか？

A

お祓い

一方的に「やめさせる」のではなく、浮気の理由を理解したうえで、必要なら護符でお祓いをしましょう。

浮気されるとつい感情的になってしまうかもしれません。でも大切なのは、パートナーがなぜ浮気をしたのかを冷静に見つめることです。

浮気の理由には大きく分けて二つあります。一つはお互いの心の不一致です。相手はあなたからの愛が感じられず、寂しくて浮気に走ったのかもしれません。またはあなたの独占欲が強すぎて、息苦しくなったのかもしれません。その気持ちを理解せず、相手ばかり責めるのは「北風と太陽」の物語に出てくる北風と同じで、相手の心をますますかたくなにしてしまいます。

相手を許しもせずに、お祓いで取り戻そうとしても、動機がネガティブなので、あなたのガーディアン・スピリットが聞き入れてくれません。

それよりも、**太陽のような大らかな心**で恋人を見守りましょう。本物のパートナーなら、やがて戻ってくるはず。あるいは、相手への執着心を一度断ち切ると、もっとふさわしい相手が現れるかもしれません。

もう一つの浮気のパターンは、根っからの女好き（男好き）によるものです。あなたを愛しているのに、つい別の相手に手を出してしまったり、セックスは遊びだと開き直ったり。つらくてもつき合いを続けていきたい意志と愛情があるなら、相手に気づかれないように、困った浮気癖を断つお祓いをしましょう。
付録の**封じ護符**に、P.124の方法にしたがって相手の性別、年齢、氏名を書いて、「九字」を4カ所に書き入れてください。その護符は恋人の家のたんすの引き出しや、枕の下にそっと隠しておきましょう。それが難しいなら、あなたが持っていてもかまいません。

Q

二人のセックスの相性が今ひとつよくないようすです。より充実した、よろこびを得られるような関係になるには？

A

お祓い

日常のなにげないスキンシップや、カップル・メディテーションでお互いのオーラの融合をスムーズにしましょう。

セックスをするのは、お互いのオーラを融合させるためです。オーラが融合することにより、以心伝心、つまり言葉に頼らない意思疎通がよりスムーズになるのです。ですから、お互いにもっと相手と仲良くなりたい、これからもずっと愛し合っていたいという意志がないと、いいセックスはできません。心のないセックスほど虚しいものはないのです。

セックスの相性がよくないと感じるのは、二人の心がずれていて、オーラがちぐはぐな状態だからです。対策は、会話などでもっと気持ちを通わせることももちろんですが、ふだんから相手とこまめにスキンシップを行うよう心がけてください。腕を組んで歩いたり、肩についたほこりを取ってあげたり。相手が協力してくれるなら、セックスの前にP.46にあるカップル・メディテーションを行うのも効果的。セックスによるオーラ融合への導入が、ずっとスムーズになります。

スキンシップとカップル・メディテーションは、最近セックスレスぎみな二人にももちろん有効です。

仲のいいカップルを霊視すると、オーラが一体にとけ合っています。二人の間でオーラが重なり、ちょうどハートのマークの形をして視えるのです。心も身体もコミュニケーションがうまくいっているのでしょう。まだセックスをしていないカップルや、セックスレスの二人であっても、本物の愛情が通っていればオーラは融合しています。人間はたましいの存在ですから、物質（肉体）のみの交流では満足できません。心の融合が第一なのです。

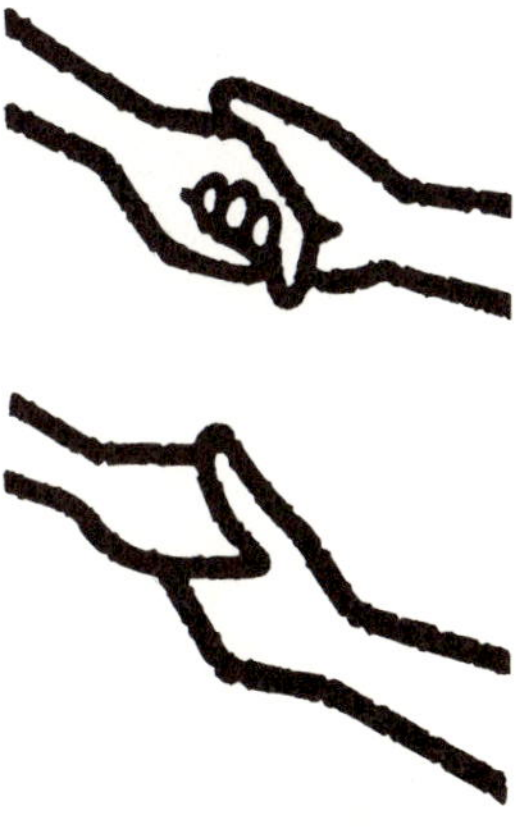

Q

別れた恋人を忘れることができません。お祓いで、失恋の痛手から一刻も早く立ち直りたい。

A

お祓い

部屋の模様替えこそ、失恋に一番効くお祓い。恋人のオーラが付着したものを、まわりから減らしていきましょう。

大好きだった恋人のことですから、別れても簡単に忘れられないのは当たり前。無理やり記憶を消そうとするから苦しくなるのです。むしろ忘れてはいけません。その人とつき合った経験と感動は、あなたの人生の宝なのですから。

大切なのは、その人のことを「忘れる」のではなく「思い出に変える」こと。失恋で痛む心の傷を、一日も早くフリーズド&ドライしてしまうことです。

上手に思い出に変えていくコツは、恋人がふれたもの、生々しく思い出させるものを、早いうちに整理してしまうこと。

そのために一番いいのは、部屋の大掃除と模様替えです。その人が座ったソファのカバーを替え、使った食器は処分。よく聴いていたＣＤはリサイクルに出すのも一案です。そうやって相手のオーラが付着したものを、一つひとつまわりから減らしていきましょう。

P.26で紹介したオーラ・マーキングは、自分のオーラをどんどん付着させていく方法でしたが、これはその逆バージョン。オーラを除去することで、相手の存在感を薄くしていくのです。友だちに模様替えを手伝ってもらうのもいいでしょう。恋人に代わって友だちのオーラが、どんどん部屋に付着していくからです。家具の配置をがらりと替えてみるのもおすすめ。あなたをとりまくエネルギーの流れが変わります。

あなたの部屋で同棲していたなら、あまりにも相手のオーラが強くしみついていますから、思い切って引っ越しを考えても。気分の切り替えが早くできるほど、新しい明日もその分早く訪れるはずです。

Q

なかなか捨てられない昔の恋人の写真やプレゼント、取っておいてもいい？ それとも処分すべき？

A

お祓い

二人の思い出が風化するまで、粗塩と半紙で封印しておきましょう。ふだん使いしているプレゼントは、そのまま使って大丈夫。

元恋人との写真は、二人のことがもう純粋な思い出となっていれば、取っておいてかまいません。専用のアルバムを作って、ふだん目にふれない所にしまっておきましょう。

写真を見るたびにつらくなるなら、処分してしまうことです。方法は燃やすのが一番。破るか、シュレッダーにかけてもかまいません。破いたり切ったりしたものは、次ページの封印を行った状態で、ごみに出しましょう。

もらったプレゼントも、見ているだけでつらくなるようなものは思い切って処分を。リサイクルに出してもいいでしょう。封印を行ってから処分すると、より万全です。

二人のいい思い出の品としてこれからも使い続けたいもの、または、何のこだわりもなく使えているものは、使い続けてかまいません。その場合も、封印を行ってそこにこもった恋人のオーラを除去してから使うほうがベター。

宝石などの場合はカットし直すか、形を変えて（指輪をペンダントに変えるなど）、エネルギーを変えるという方法もあります。

二人の思い出を浄化させる封印のやり方は、
①「祓いたまえ、浄めたまえ」と言いながら、一つまみの粗塩（精製塩ではなく、必ず天然の海の塩を使ってください）を、浄化したいものに3回ふりかけます。

②半紙などの白い紙でくるみ、くるんだ紙の端を、付録の九字切りシールB（P.120参照）で閉じます。
③しばらく保存しておきます。その間に、ものにこもったエネルギーが浄化していき、ただのものになります。
保存する期間は、自分の気持ちが吹っ切れたと思えたときが、おおよその目安です。できれば最低1年は保存しておくことをおすすめします。

Q

嫌いになったのに、なかなか切れない恋人との腐れ縁。きっぱり別れるには、どうしたらいいですか？

A

お祓い

自分の意志を相手に毅然と伝えたうえで、護符や人形でお祓いを。

恋人がどうしても別れてくれないときは、付録の護符を使いましょう。願意に相手の名前と、「悪因縁」という言葉を並べて書き、お祓いの方法で念を込めてください。

ただし現実でも、相手に「別れたい」とはっきり言わなければいけません。言えないのは実は自分自身も引きずっている証拠。別れたら寂しい、やっぱりキープしておこうかなという打算が、知らず知らず相手に伝わっているのです。

気持ちを吹っ切るには、付録の人形《ひとがた》（P.125参照）を使って邪念を捨てて。部屋の大掃除と模様替えも心の切り替えに有効です。

4

The Exorcism for Health

健康になるお祓い

Q

外見《ルックス》はもちろん、センス&立ち居振る舞いも素敵。
みんなが憧れる〝美人〟になるお祓いとは?

A

お祓い

ポジティブ・シンキングが心にハリを与え、美人をつくるのです。
憧れる女性が身近にいたら、オーラをおすそ分けしてもらいましょう。

「すてきな人だな」「いつも輝いている」と思わせる女性たちは、決まって表情が豊かです。いつも心が前向きで、好奇心がいっぱいの素直な心を持っているので、目がいきいきと輝いています。表情が豊かということは、顔の筋肉をよく動かしているということですから、肌にもハリがあります。

また、緊張感をつねに失わないことも、きれいになるには、欠かせないことです。「恋するときれいになる」と言われるように、恋も美しくなる特効薬でしょう。逆に、つまらないと思いながら毎日を送っている人、人の視線を気にしなくなってしまった人は、しまりのない容姿になってしまいがちです。

つまり美人への近道はポジティブ・シンキング。ポジティブといっても明るく笑っているだけではありません。何でも前向きにとらえ、次に向かっていける、ハリのある心をポジティブ

と言うのです。いつもポジティブでいるためには、体内にたまる汚いエクトプラズムをこまめに吐き出しましょう。P.13の入浴法やサウナも有効ですし、ぬるい湯に長く浸かる半身浴もおすすめです。
「この人みたいになりたい」と憧れる女性が身近にいたら、なるべくその人と会う機会を増やしましょう。メイクや着こなしを学びとれるうえに、その女性のオーラをおすそ分けしてもらえます。
すてきな人は自分を磨く努力を怠りません。いつも心が引き締まっていると同時に、やわらかい感受性を持っています。その影響を、あなたも知らず知らずに受けるのです。

Q

今度こそ痩せる！　と決意も新たに。
絶対知りたい、失敗しない〝お祓いダイエット〟の極意。

A

お祓い
ダイエットのコツは、カロリーより栄養バランスを重視すること。
憑依霊が好みやすい炭水化物、お酒、甘いものはセーブしよう。

ダイエットで大事なのは、まず、カロリーより栄養バランスに気を配ること。栄養が偏っている限り身体は満足せず「食べたい」という信号を脳に送り続けます。カロリー重視のダイエットが長続きしないのはそのためです。

さまざまなダイエットを試した私が最大の効果を上げた和田要子先生の提唱する「和田式ダイエット」では、9品目（肉・魚・野菜・豆・貝・海藻・乳製品・卵・油）を、野菜を中心に毎食欠かさず摂るのがルール。9品目ならどれだけ食べてもいい代わり、炭水化物やお酒、果物など甘いものは禁止です。

スピリチュアルな視点からも、この食生活は理想的です。9品目には、私たちのオーラの輝きに欠かせない天(太陽)、土、水のエネルギーがまんべんなく含まれています。

ダイエットで大事なことのもう一つは、憑依霊に用心することです。霊に憑依されると、霊の分まで食べてしまいます。P.118のテストであなたの憑依体質度をチェックしてください。強い憑依体質と出た人は要注意。

炭水化物やお酒、甘いものをセーブすることは、憑依を避けるうえでも重要です。亡くなる間際の人間が最後に食べたがるものがこれらの食べ物なので、霊が寄ってきやすいのです。

食事をする時間帯にも注意しましょう。世の中の多くの人たちが食事をする時間帯は、できれば避けてください。憑依体質が強いタイプの人は生きている人の想念にも影響されるため、みんなの「お腹が空いた！」という念が渦巻いている中で食事をすると、どうしても食べすぎてしまう傾向があるからです。

Q

今ひとつ体調がすぐれません。その原因を探って、元気が出てくるお祓いは？

A

お祓い

症状があなたに訴えているメッセージを受けとめましょう。幽体と肉体をつなぐスピリチュアル・ヒーリングも有効です。

病には3種類あります。過労や不摂生が原因の「肉体の病」と、その人の性格上の癖、いわば思いぐせからくる「幽体の病」、そして人生の克服すべきテーマを暗示する「たましいの病」です。このうち日常の中の体調不良に関わるのは、「肉体の病」と「幽体の病」です。

「肉体の病」は休めば良くなりますが、「幽体の病」はまず、その人の思いぐせを象徴している症状のメッセージを読みとることが大切です。たとえば、胃腸の病は、不満を抱えがちな人に多い症状です。現実が「消化できない」「腑に落ちない」ことの表れなのです。こうしたメッセージを受けとめ、思いぐせを直すことが治癒への鍵です。

具体的な処置として、病院へ行くことの他に、自分で行うスピリチュアル・ヒーリングも有効です。これは一時的な体調不良だけでなく、虚弱体質の人にもおすすめです。

体調を崩しているときは、肉体と幽体（たましい・スピリット）がずれてしまっています。スピリチュアル・ヒーリングによりそのつなぎ目を調和させれば、身体に再びパワーが満ち、体調も回復していきます。

ポイントは丹田《たんでん》（おへその下あたり）。丹田は肉体と幽体のつなぎ目の要《かなめ》で、ここにエネルギーがたまっていないと覇気がなくなり、ふらふらすることも。毎晩丹田に両手を当てて眠りましょう。ハンドパワーでエネルギーが充填されます。

P.119の鎮魂法や、呼吸法も効果的。私がおすすめするのは、肩幅に足を開げて、鼻から息を吸って口から細い糸を出すように少しずつ吐く腹式呼吸です。これも丹田を意識して行うこと。

Q

よく眠れなくて、寝不足ぎみ。十分な睡眠をとって、快適な朝を迎えたい。

A

お祓い

水晶で雑念を払い、「神座」と「霊台」を温めて神経を休めましょう。気持ちが落ち着き、丹田の力もたまれば、熟睡できるようになります。

私たちは睡眠中、幽体離脱してスピリチュアル・ワールドに「里帰り」しています。そこで霊的エネルギーを補給し、ガーディアン・スピリットからさまざまなアドバイスを受けてくるのです。したがって、仮に食べ物を何日間かとらなくても生きていけますが、睡眠をとって霊的エネルギーを補給しないと、幽体と肉体がずれて、体調を大きく崩してしまいます。

よく眠れない原因は精神状態が不安定になっているためです。睡眠時間は足りていても、眠りが浅いと寝不足と同じ状態になり、丹田の力が失われていきます。すると仰向けに眠れなくなり、横向きやうつ伏せに寝るようになります。そんなときは、P.63のように、幽体と肉体をつなぎ直すために丹田に両手を当てて眠りましょう。無理に眠ろうと焦らず、その姿勢で内観するだけでもかまいません。これにより、丹田に徐々に力が満ち、ぐっすり眠れるようになるでしょう。

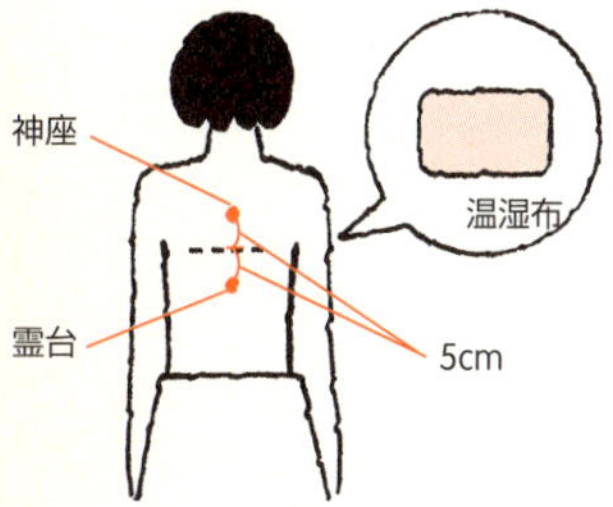

日常の雑念が眠りを妨げている場合は、汚れたエクトプラズムを吐き出す必要があります。それには、P.13の入浴法が有効です。また水晶を枕元に置くか、枕の下に敷けば、水晶が雑念をクリーニングしてくれます。

憑依体質の強い人にぜひやっていただきたいのが、背中の左右の肩甲骨を結ぶ線の上下にある「神座」と「霊台」というツボ（イラスト参照）に温湿布をすること。これらのツボは、スピリチュアルなエネルギーが出入りする重要なポイントです。ここを温めてあげると邪気から身を守ることができ、神経過敏になっていた心が安定してよく眠れるようになります。

Q

頭痛や肩こり、風邪をひきがち…、誰にでもある〝持病〟を治すお祓いは？

A

お祓い

食事や入浴、運動などで自然治癒力をつけると同時に、お腹と背中の大事なツボをケアして、「霊的体力」もつけましょう。

たましいが充実し、高揚しているときは、体力も十分で風邪の菌などはね返せます。しかし気がゆるんでいたり、疲れて弱気になっていると、菌に負けて風邪をひいてしまうのです。

風邪をひかない身体、ひいても軽くてすむ身体をつくるには、ふだんから自然治癒力を高めることが大切。バランスの良い食事、P.13の入浴法によるエクトプラズムの吐き出し、適度な運動を心がければ自然治癒力はアップします。

スピリチュアルな視点から言うと、憑依霊などのネガティブなエネルギーは、首の後ろあたりから入ります。風邪のもととなる邪気も同じ。

ですから首を冷やさないようにするだけで、風邪をずいぶん予防できます。

　全身のエネルギーの要である丹田に両手を当てて眠ることも有効。咳が出始めたらP.65の「神座」「霊台」を温湿布で温めるか、誰かにこれらのツボをマッサージしてもらいましょう。

　頭痛がするときは、特に痛む部分（全体が痛いときは額）に手を当てて、次に丹田に両手を当てましょう。これをくり返してください。

　肩こりがつらいときはイラストのように仰向けに寝て両腕を上げ、手先から頭、胴体、足へとスピリチュアルなエネルギーがすーっと通り抜けていくイメージを持ってください。それだけでも血の巡りが良くなります。次に丹田に両手を当てます。これをくり返しましょう。

　頭痛と肩こりを思いぐせによる「幽体の病」（P.62参照）として見ると、頭痛は自分の意見に固執していることの表れかもしれません。肩こりは、仕事や人間関係で気負いすぎていることの表れかもしれません。最近の自分をふり返ってみましょう。

　こういったヒーリングを行うときは自分自身の反省と、「治してください」という強い念の力が不可欠です。

Q

最近いやな夢にうなされて夜中に飛び起きることも。悪夢を撃退するお祓いを教えてください。

A

お祓い

眠る前に入浴でオーラをきれいにし、内観でポジティブなイメージを。

いやな夢、怖い夢を見るのは、心が不安定でネガティブになっているとき。たましいがガーディアン・スピリットのもとで充電すべきところを、低い次元のスピリチュアル・ワールドへ迷い込んでしまっているのです。

夢見をよくするには、波長をより高く整えてから眠ること。汚いエクトプラズムを吐き出すP.13の入浴法にはその効果があります。また、たとえ短い時間でも内観のひとときを持ちましょう。悩みや不安があるときは、それを抱えたままにせず、内観の中でそれがどんどん好転していく様子をイメージしてから眠ってください。

5

The Exorcism
for Relationship

人間関係
がよくなるお祓い

Q

周囲の注目を惹きつけずにはおかない、輝くオーラを持つ人になりたい。

A

お祓い

理想の自分をつねに強くイメージすること。自分がほしい要素《キャラクター》に合わせて、パワーストーンを持つのもおすすめ。

「彼女ってすごくオーラがあるよね」といった会話をよく耳にします。実際は誰でもオーラを持っているのですが、このように言われるのは人一倍輝くオーラを持った人なのでしょう。オーラを視ることはできなくても、人はみな他人のオーラをスピリチュアルなアンテナで感じとって生きているものです。

オーラの輝きの強さは、その人が自分自身というものを明確に持っているかどうかで決まります。自分のオーラを強くしようと思ったら、現在の自分やこれからの自分について、「こうありたい」と、できるだけポジティブに、強い念力を持ってイメージしましょう。
　P.40のメディテーションを行い、手順⑤のところで、理想の自分を具体的にイメージしてください。住んでいる家、着ている服、している仕事、交わしている会話など、細部までありありと思い描くイメージ力がある人ほど、オーラは強く輝きます。このメディテーションを、できれば習慣的に行うようにしましょう。
　パワーストーンを持つのもおすすめ。石の持つパワーが、あなたのオーラの輝きを補うサプリメントとなってくれます。たとえば知性を備えたい場合はラピスラズリ、周囲を和ませるあたたかさを持ちたいときはローズクォーツ、やさしい慈愛の心を持ちたいときはアメジスト、冴えた判断力や潔さを持ちたいときは透明な水晶を持つといいでしょう。

　パワーストーンの色とオーラカラーには密接な関係があります。補いたい特徴を持ったオーラカラーをP.117で見つけ、その色に近いパワーストーンを選ぶのも、一つの方法です。

Amethyst
Lapis lazuli
Rose quartz

Q

いやがらせ、いじめ、嫉妬、詮索…、他人からのよけいな干渉をはね返すいい方法はありますか?

A

お祓い

自分を見つめ直し、卵オーラ法でオーラを強くしましょう。玄関の鏡と九字切りシールAも、強力なバリアになります。

いじめや嫉妬、よけいな干渉などを受けるのは、相手だけが悪いからとは言えません。自分の波長がネガティブだったり、オーラが弱々しくなっていたりするときに、ネガティブな念を引き寄せることが多いのです。ですからまずは、自分を見つめ直すことが大切です。

いじめやいやがらせを受けやすい人は、自分の行動や言動に、無意識の困った癖(愚痴っぽい、自慢屋、被害妄想的)がないかどうか、ふり返ってみてください。

嫉妬されやすい人は、自分自身も嫉妬の感情を秘めていることが多いようです。自分でも誰かに対して、その人の陰に隠れた苦労や努力や真意を知ろうともせず、表面しか見ないで羨んでいないか、反省してみてください。

よけいな干渉や詮索を受けやすい人は、オーラが弱くいびつになっています。オーラが自分をガードしきれず、他人にとって容易に侵入しやすい状態になっているのです。

このように、今までの自分の波長を見つめ直したうえで、二度とネガティブな想念を引き寄せないよう波長を切り替えましょう。

具体的なお祓いとして一番いいのは、P.78の卵オーラ法。これにより、ネガティブなエネルギーを寄せつけない強いバリアを自分のまわりにはりめぐらすことができます。

玄関に鏡を置くのもおすすめ。鏡の面はなるべく外側に向けましょう。鏡は外から入るネガティブなエネルギーをはね返し、ポジティブなエネルギーだけを中に通します。付録の九字切りシールA（P.120参照）を玄関の扉の内側の上のほうか横にはれば、より安心です。

Q

もっと知りたい、もっと仲良くなりたい、大切な人との友情を深めるには、どうしたらいい？

A

お祓い

CD法で自分と相手のオーラを交流させましょう。お互いの性格や好みなどの情報が、ものを通じてやりとりできます。

学校のクラスや職場にはそれぞれ独特の雰囲気がありますね。夫婦や親子もどこか似通っています。それは、同じ場所にいることで、オーラがいつも混じり合っているからです。

誰かと仲良くなりたいときも、言葉のやりとりだけでなく、オーラのコミュニケーションを活発にすることがポイントとなります。人間のオーラには、本人の性格や好み、考え方などのデータが書き込まれています。相手のオーラに接することにより、それらがなんとなく感覚で理解できるようになるのです。

オーラを交流させるには、なるべく顔を合わせる、何か集まりがあるときは隣に座るなどの方法が考えられます。

　また、私の言う「CD法」、つまりものの貸し借りも効果的です。貸し借りするものは何でもいいけれど、誰もがためらいなく貸し借りできるのはCDや本ではないでしょうか？　相手の持っているCDをさりげなく貸してもらいましょう。相手が特別気に入っているものでなくともかまいません。

　そのCDを借りたら、ケースを手に持ちながら聴きましょう。このとき、その人と仲良くなりたいという思いを持ってください。楽し気に会話しているイメージをリアルに思い描くのもいいでしょう。そして、あなたの思いのオーラが付着して返ってきたCDを相手が手にしたり聴いたりしたとき、相手はふっとあなたの思いを感じるはずです。
　また自分の物を貸すのもいいアイデア。相手はあなたのオーラが付着したCDを聴くことで、あなたを今まで以上にわかってくれるでしょう。

Q

「ごめんなさい」を言いそびれてしまった人に、おわびの気持ちを伝える方法はありますか？

A

お祓い

心を込めて謝罪の手紙を書きましょう。実物が相手に渡らなくても、テレパシーとなって届きます。

傷つけてしまった人、迷惑をかけてしまった人に謝りたい。でもついタイミングを逃し、今さら謝れなくなってしまった。こういうことは案外多いのではないでしょうか。

でも、いつまでも後悔を引きずっていてはいけません。たとえどんなに時間がたってしまっていても、今から相手におわびの手紙を書きましょう。

書いた手紙は実際に出さなくてもかまいません。身近すぎて面と向かって謝りにくい相手にも、また所在さえわからない相手にも、手紙に込めた気持ちは必ず伝わります。人間はスピリチュアルな存在なので、誰でもテレパシー能力を持っているのです。自分では気づいていなくても、送信するパワーも受信するセンサーも稼働しているのです。

　手紙は、護符を書くときと同じように、静かな環境で心を鎮めて綴りましょう。伝わるのは書いている最中のあなたの念。念の集中こそが大切です。

　書くうちに、その時のつらさや、言いわけしたい気持ちがよみがえってくるかもしれません。でも、そんな邪念を持ってしまうと、余計な思いまでが手紙にこもり、おわびの念がストレートに伝わりにくくなります。「あなたのおかげで学べました。ありがとう」「また会えたら今度こそ仲良くしようね」「幸せになってね」など、シンプルかつポジティブな思いのみを込めて綴ってください。

　書く作業の中で、あなた自身の後悔の念も徐々に浄化されていきます。書き終えた手紙は、燃やすか、浄化の力のある海に流しましょう。

Q

ストーカーにしつこくつきまとわれています。危険な目に遭わずに、無事に逃れるには?

A

お祓い

毅然とした態度で〝NO〟の意思表示をし、卵オーラ法で身を守りましょう。お祓いした護符をつねに持ち歩けば、心強いお守りになります。

ストーカーは今とても増えています。ストーカー行為に走るのは心の寂しい人なので、決して曖昧な態度で気を持たせたりしてはいけません。隙を見せると、相手はすぐそこに入り込んできます。相手の妄想がエスカレートしない初期段階のうちに、自分にはまったくその気がないことをきちんと伝えましょう。ストーカーがたとえ元恋人であっても、毅然とした態度をとることが大切です。

見ず知らずの人にストーカーされやすい人は、P.72のいじめと同じで、引きつけやすいオーラを持っていることが多いようです。次の「卵オーラ法」でオーラを強くしましょう。
まず、いすにゆったり座り、気持ちを落ち着かせます。次に、鼻から大きく息を吸い、口からゆっくり吐きます。これを3回行います。このとき自分のまわりに卵の殻のようなオーラがしっかりと固まるイメージを持ってください。

1回目は自分の前後、2回目は左右、3回目はまわり全体をオーラが覆うイメージを持ちましょう。このオーラが自分をしっかり守ってくれると強く念じてください。これを毎朝の習慣にすると、オーラが徐々に丈夫になり、身を守れるようになります。

付録の護符（P.122参照）でのお祓いも有効です。願意は「悪因縁」か「ストーカー」。相手の名前がわかれば、その右側にその人の名前を書きましょう。お祓いの方法で護符に念を込めて、お守りとしてつねに持ち歩きましょう。

封じ護符（P.124参照）も使えます。相手の名前どころか性別や年齢も不明なときは「ストーカー」「無言電話犯」とだけ書いてください。

Q

夫婦&親子喧嘩、家庭内暴力…。
バラバラになった家族の絆を取り戻したい。

A

お祓い

家族和合の一番の妙薬は、愛情のオーラがこもった手作りの料理。
休日には、全員が料理に参加できるバーベキューを。

家族は、オーラを通じて会話を頻繁に交わしています。たとえば洗濯物。お母さんは家族のオーラがこもった洗濯物をたたみながら、「最近お父さんは疲れているな」「子どもは寂しい思いをしているな」などと感じとります。お父さんや子どもも、お母さんが手でふれた衣服を着て、お母さんの心の内を感じとります。

オーラの会話の中でもっとも大切なのは、お母さんの手料理です。手料理にはお母さんの愛情のオーラが一番こもります。家族はそれを直接体内にとりこむのですから、手料理以上にすばらしい家族和合の妙薬はありません。

でも最近は、食事の時間がバラバラな家族のほうが普通です。できたてのおかずを食べてもらえないお母さんも作りがいを失い、手を抜くようになっています。さらに洗濯、食器洗いまで全自動に。オーラの会話の減少は、さまざまな家族問題に影響していると思います。

忙しいのはわかります。でもせめて毎食一品でいいから、必ず手をかけた料理を用意しましょう。サラダの野菜を刻むだけでもかまいません。また、たまにはお父さんも台所に立ちましょう。最近は存在感が薄い父親のオーラを家族に浸透させるチャンスです。

休日は家族みんなで自然の中へ出かけ、バーベキューなど楽しんではいかがでしょうか。全員参加で手料理を作ることは、家族が結束するために抜群にいい方法です。

付録の護符で家族和合を願うこともできます。名前の欄は「○○家」。願意は「家族和合」として、祈願の方法で念を込めましょう。完成した護符は全員が目につくところにはってください。

Q

遠くに住んでいる人や、旅行に出ている人の無事や安全を祈るお祓いは？

A

お祓い

相手の写真を目につくところに飾り、おりにふれ話しかければ、どんなに遠くても無事を祈る心は伝わり、危険からも守ります。

どんなに相手が遠く離れていても、無事でいてほしい、元気でいてほしいという思いは必ず伝わります。テレパシーというものはスピリチュアルなエネルギーなので、物質的な距離をものともせずに飛んでいくのです。そうやって飛んでいった念は、相手に届くだけでなく、実際に相手を危険から守るバリアとなります。

日常的な場面でも、テレパシーはしょっちゅう行き来しています。たとえば田舎のお母さんが東京にいる息子をふと思い出し、「ちゃんとご飯を食べているのかしら」と心配したとします。すると面白いもので、息子は「飯でも食うか」

という気持ちになるのです。

強いテレパシーを飛ばすために一番いい方法は、相手の写真をつねに目につくところに飾っておくことです。写真は相手をリアルにイメージさせるので、念を込める対象物として最適なのです。テレパシーそのものは本来どこからでも送れますが、人間というものは具体的な対象物があると、そこに集中させる念力がよけい強まります。欧米人はよく、サイドボードの上などに家族の写真をずらっと並べて置いていますね。あれはスピリチュアルに見ても非常にいいことなのです。

飾った写真には、こまめに言霊《ことたま》をかけましょう。できれば声に出して話しかけること。相手のガーディアン・スピリットに対しても「この人をお守りくださいね」とお願いしましょう。

付録の護符を使って相手の無事を祈ることもできます。住所と名前は相手のものを書き、願意は「身体健全」「旅行安全」など。あとは祈願の方法で護符に念を込めてください。

Q

最近しょんぼりとして元気がない友だちを慰め、励ます方法はありますか？

A

お祓い

花や植木、水晶など、弱ったオーラを補強するものを贈りましょう。

元気のない人のオーラは暗く沈んでいます。そのままネガティブな状態でいると、何らかの災害にも巻き込まれかねません。弱ったオーラを補強するプレゼントを贈ってあげましょう。

おすすめは花。渡す前に手元に一晩置いて、花に「私の大切な人を励ましてあげて」などと話しかけてください。花に宿った心やさしい妖《フェア》精《リー》たちが、その人を慰めてくれます。

落ち込み度が激しい人には植木を。ポトスやサボテンなどの、生命力が強いものほどおすすめです。また、悪いものをはね返してくれる透明な水晶も、その人を強力に守ってくれます。

6

The Exorcism
for Daily Life

日常生活
に役立つお祓い

Q

衝動買い、むだ遣いをキッパリやめてお金が貯まるお祓いを教えてください。

A

お祓い

一万円札を額に入れて飾ると、お金への前向きな念力が高まります。根元にコインを埋めた植木は、お金を引き寄せる強力なアンテナに。

世の中には「お金のことばかり考えるのは恥ずかしい」という考え方があります。しかし、お金を貯めたいなら、まずその考えを捨てること。お金は不浄、だけど貯めたい、という矛盾した気持ちでは、お金を呼ぶ波長は出せません。お金自体はただの物。大事なのは使う人の動機です。きちんとした目的があって貯めるなら、罪悪感は一切不要なのです。いくら貯めて何をするのか、具体的に思い描きましょう。動機がポジティブならば、必要なお金は貯まります。

お金への前向きな念力を高めるのに有効なのが、一万円札を額に入れて飾ること。大事に飾られたお札を見るたび、お金は人の役に立つすばらしいものだ、大切にしようという思いが強まり、自然とむだ遣いもなくなります。

出かける前にお財布の中身をすべて出して眺め、「今日の出費は○○円以内にしよう」と決めるのも、むだ遣い対策として有効です。一日の終わりに今日使った金額と用途を全部書き出すのも、衝動買いの反省に役立ちます。

お金はエネルギーの高い家に集まるので、ペットを飼ったり植木を置いたりするのもおすすめ。植木の根元に、「貯まってね」という思いを込めながらコインを埋めると、それがお金を引きつけるアンテナとなります。

注意したいのはお金を貯めること自体が目的になることです。お金への執着がネガティブな念になって、その波長が逆に不意の出費を招くことも。水と同じで、お金も適度に〝流す〟ことが大切です。むだ遣いしたお金は戻りませんが、人のために使ったお金は、スピリチュアルな法則により、自分に戻ってくるものです。

Q

近々、引っ越しを考えています。タイミングの良し悪し、いい物件と出合うための秘策はありますか？

A

お祓い

インスピレーションの冴え、旧地名、周囲の環境、地形など、引っ越し10カ条をチェック。方位磁石も忘れずに。

いい不動産物件と出合えるのは、自分自身の精神状態がいいとき、つまり波長が高いときです。また物件探しにあたっては、スピリチュアルな視点から見たいくつかの注意点があります。それらをまとめたのが次の10カ条です。

①自分自身の波長が高いときに探す。引っ越したい動機が現状からの逃避願望なら、波長がネガティブなのでしばらく見合わせる。

②インスピレーションを重視する。体調を整え、明るい時間に物件をまわること。入った瞬間にいやな感じがした物件は、他の条件がどんなに良くても絶対にやめる。

③かつて戦《いくさ》や水害があったと思われる土地に住むと霊障《れいしょう》（さまよう霊が引き起こす良くない影響）が起きる可能性があるので、要注意。

④墓地のそば、大きな水辺を避ける。霊が集まったり通ったりしやすいので、霊障の可能性がありうる。

⑤玄関が鬼門（北東）、裏鬼門（南西）にある物件は避ける。どうしても避けられなければ、引っ越し後、玄関に九字切りシールAをはる。

⑥柏手を打ってみる。エネルギーがきれいな部屋では澄んだ音が響き渡るが、エネルギーが悪い部屋では鈍くこもった音がする。

⑦高圧電線や変電所、線路のそばを避ける。こういった場所は、磁場が狂いやすいと言われている。物件を見てまわるときは方位磁石を持参し、部屋の何カ所かに置いてみて、つねに針が北を正しく指すかどうかチェック。

⑧何となく、人が住んでいるような活気が感じられない集合住宅は避ける。

⑨湿気が強く外が苔むしている物件は避ける。

⑩極端にすり鉢状になった地形は避ける。特に底にあたる場所は、エネルギーがよどみがちなので注意。

Q

リフレッシュをかねて、旅行を計画中です。トラブルなく、実り多い楽しい旅行にするには？

A

お祓い

自分自身のエネルギーを高めるには、一人旅がベターです。トラブル防止には、持ち物や泊まる部屋に、自分のオーラの付着を。

友だちとの旅もいいけれど、リフレッシュが第一の目的なら断然一人旅をおすすめします。一人になって内観し、五感をフルに開いて旅先の土地のパワーを吸い込む。それにより日常のストレスが洗い流され、自分本来のエネルギーが高まっていきます。最高にリフレッシュできるのは大自然への旅。海が持つ浄化のエネルギー、山に秘められた癒しのエネルギーを身体いっぱいに浴びましょう。

トラブルや霊障に遭わないためのお守りとして、願意に「旅行安全」と書いて祈願した付録の護符（P.122参照）や、水晶を持ち歩きましょう。粗塩も忘れずに持っていき、宿泊する部屋の扉の脇やベッドの四隅に盛り塩を。

盗難防止策としては、買ったばかりの物など、自分になじんでいないものは持ち歩かないこと。自分のオーラがついていないものは紛失しやすいのです。荷造りも自分で行い、持ち物にオーラを付着させてください。新品や貴重品には付録のお守りシール(P.120参照)をはりましょう。

飛行機に乗る日は、できれば4の日（1の位と10の位の数字を足して4になる、毎月4、13、22、31日）と8の日（同じように足して8になる、毎月8、17、26日）を避けましょう。私がスピリチュアル・デーと呼ぶこれらの日は、事故などの宿命的かつ運命的な出来事が起こりやすいからです。

かつて戦や災害があった土地では浄化していない霊がさ迷っている可能性もあるので、気を引き締めてください。敏感な人は憑依にも要注意。

泊まる部屋では、そこにいるかもしれない霊に「今日は私が泊まりますね」と念じ、部屋の壁やベッドをさわってP.26のオーラ・マーキングを。入った瞬間いやな感じがした部屋は、勇気を出して変えてもらいましょう。

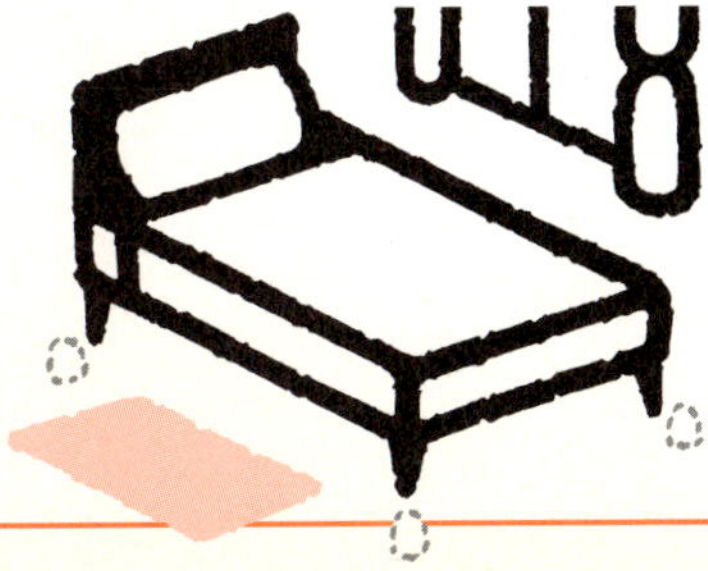

Q

空き巣に入られたり、事故に遭ったり…、思いがけない厄災《トラブル》をくり返さないようにするお祓いは?

A

お祓い

犯罪や事故に遭ったときは、そのエネルギーを早く払拭するために、浄化パワーを持つ粗塩や、九字切りシールAでお祓いしましょう。

自分自身が絶好調のときに、犯罪や事故に遭うことはあまりありません。気がゆるんでいるときや、不平不満や意気消沈により波長がネガティブになっているときに、ネガティブな出来事を呼んでしまうことが多いのです。

また、心配性な人もかえって負のエネルギーを引き寄せて災難に遭いやすいようです。いつもポジティブな考え方を心がけましょう。

犯罪や事故に遭った家や車は、そのときのネガティブなエネルギーを残したままにしておくと、同じことをくり返すかもしれないので要注意。それを払拭するお祓いがぜひ必要です。

空き巣に入られたら、玄関に鏡と九字切りシールA（P.73参照）を。そして、犯罪のエネルギーを払拭するために大掃除をしましょう。犯人が歩いたと思われる場所は特に念入りに。思いきって模様替えしてしまうのもおすすめです。

マイカーが事故を起こしたら、車をお祓いしてください。方法は、粗塩を四つのタイヤにふりかけます。まず正面に立ち、左の前輪、右の前輪、左の前輪の順で。次に後ろに立ち、同様に左の後輪、右の後輪、左の後輪の順で。このときガーディアン・スピリットに二度と事故が起こらないようお願いしながら、「祓いたまえ、浄めたまえ」と、くり返し声に出して言います。終わったら九字切りシールAをフロントガラスにはるか、ダッシュボードに入れましょう。

階段から落ちたり、台所からボヤを出したりといった家の中での事故の後も、家の顔である玄関に九字切りシールAをはってください。ふだんから台所にはっておけばボヤの予防にもなります。

Q

自宅や職場でいやな「気」を感じて、気分や具合が悪くなることが…。どんなお祓いで直せますか？

A

お祓い

換気と、音霊と、香りによって、「気」の流れを変えましょう。自分に邪気がまとわりついていたら、人形《ひとがた》でお祓いを。

自宅や職場で、重たくよどんだ「気」を感じたら、そこにいる誰かが汚いエクトプラズムを出している場合があります。

自宅なら、家族の一人が外でいやな経験をしてきたのかもしれません。職場なら、誰かが営業先で怒鳴られてきたのかもしれません。本人が顔で笑っていても、敏感な人はオーラで察してしまうのです。

そうした憂鬱な「気」を浄化する簡単な方法があります。一つは換気。窓を開けて風を入れるだけで、場のムードが変わります。窓が開けられなければ、せめて換気扇を回して。

二つ目は、音を使っての浄化。音霊《おとたま》、つまり音のエネルギーを流すことで、その場の「気」の流れを変えることができます。柏手を打つか、ラジオかBGMを流しましょう。柏手は、いやな「気」の正体が、浄化していない霊的存在である場合にも有効です。

三つ目に、香りを使っての浄化。アロマテラピーの理論にあるように、香りには人間を内面からリラックスさせる効果があります。

出かけた先や会った人から、自分自身がいやな「気」をもらってきてしまうことも、特に霊的に敏感な人には多いことと思います。

たとえば、事故の現場を見てしまったとき。古戦場や、古い屋敷などに行ったとき。病院にお見舞いに行ったり、墓地へ墓参りに行ったとき。他人の愚痴を長々と聞かされたとき。そこで受けたネガティブなエネルギーや憑依によって、気分が悪くなってしまうのです。人によっては、そんな状態が何日も続き、肩がずしりと重くなったりすることもあるかもしれません。

そんなときは症状が重くならないうちに、付録の人形《ひとがた》を使って「自己除霊」をしてください(手順はP.125を参照)。

Q

不幸の手紙など、不快な手紙を受けとって、憂鬱な気分に…。後腐れのないように処分するお祓いは？

A

お祓い

封印して燃やしてしまえば、いやなエネルギーはお祓いできます。玄関の鏡や九字切りシールAで、〝二度目〟をシャットアウト。

いやがらせの手紙や、不吉な手紙、しつこい勧誘の手紙を受けとると、憂鬱な気分にさせられてしまいます。そのままにしておかず、早いうちにお祓いして処分してしまいましょう。

手紙をP.55に書いた方法で、封印してください。そうした状態でお寺に〝おたきあげ〟に出すのが一番いい方法です。自分で燃やしてもかまいませんが、そのときは火に用心しながら、自宅の庭か、あるいは灰皿の上などで燃やしてください。

一時「不幸の手紙」のようなものが流行りました。受けとったら何日以内に何人に出さないと不幸になるという類のものです。あれはまったく根拠のないゲームですから、気にする必要もありません。ただしその手紙にはそこに加わった人たちのネガティブなエネルギーがついていますから、どうしても気になるなら封印と焼却をしておきましょう。

このお祓いにより、手紙がもたらしたいやなエネルギーは浄化され、送ってきた相手のもとに返っていきます。

今後またいやな思いをしないよう、**玄関には鏡と九字切りシールA**を。いたずら電話、無言電話の類も、九字切りシールAを電話機の裏側にはることでシャットアウトしましょう。

同時に自分自身のオーラを、P.78の**卵オーラ法**で強化してください。「また来たらどうしよう」と不安になったり、くよくよしたりするネガティブな波長が、次のいやがらせを呼ぶのを防ぐためです。オーラが強まるにつれ、自分の思いがまずポジティブに切り替わり、しだいに現実のいやがらせも減っていきます。

Q

リサイクルショップで買った古着や、知り合いからもらった着物は、お祓いしたほうがいいですか?

A

お祓い

洗濯機に粗塩を入れて洗い、封印すれば、前の持ち主の念は離れます。

衣服には着ていた人のさまざまな思いのエネルギーが付着しています。悪い念ばかりとは限りませんが、できればその影響を受けないよう、お祓いしてから着ましょう。

まず洗濯。自宅で洗える場合は、洗濯機に、洗剤のほかに粗塩を入れてください。ものによってはクリーニング店へ。仕上がったらP.55の方法で封印しましょう。一晩でも置いておけば、前の持ち主のオーラは離れます。

着物の場合は、洗濯後にリフォームするのも一案。洋服やバッグなどに作り直す作業により、前の持ち主のオーラは除去されます。

7

The Exorcism
for Spiritual Life

スピリチュアル・ライフ
に関するお祓い

Q

撮った写真をよく見ると、霊のようなものが写っていました。心霊写真はどうやって処分したらいいですか？

A

お祓い

プリントとネガは、封印してから〝おたきあげ〟へ。写したカメラも何日間か封印して、霊との回路を断ちましょう。

心霊写真というと、何となく不気味で、必要以上に怖がってしまう傾向があるようです。しかしほとんどの場合、写った霊のほうに悪気はありません。そこをたまたま通りかかった霊が、不意に写されてしまった、というようなことも多いのです。

また時には、高級な霊がいい知らせを届けてくれようとして写ることもあります。

でも、その写真がどことなくいやな感じのするものだったら、ちょっとした警告として受けとめましょう。写真を写した人も、その中に写っている人も、しばらくは体調不良や事故などのトラブルに十分注意して過ごしてください。写真やカメラをお祓いすれば、より安心です。

まず写真のお祓い方法は、P.55にも書いた**封印**と、**おたきあげ**です。プリントされた心霊写真と、そのコマを含む一本分のネガ、両方をまとめて封印しておいてください。短くとも一昼夜、できれば2、3日かけて浄化させましょう。その後、おたきあげに出すか、自分で燃やしてください。

カメラは、**封印**のみ念入りに行ってください。かける時間は写真と同じぐらいでかまいません。なぜカメラにもお祓いが必要かというと、一度でも心霊写真を写したカメラは、それをくり返しやすい状態になっているからです。写真を撮るとき、カメラには写す人の集中した念がこもります。その念が霊と同調してしまったわけですから、カメラと霊の間にも一種の回路のようなものができあがっているのです。お祓いによって、その回路を断ち切れば、また元のように使って構いません。

Q

形見やアンティークの宝石、人にもらったお守りなど、いわく因縁のありそうなものは、どのように扱ったらいい？

A

お祓い

塩水につけて、明るい日陰におけば、前の持ち主の念を浄化できます。ネガティブな感じがするものは、思い切って海に沈めましょう。

鉱物は念がこもりやすいものの一つ。アンティークや形見の宝石、水晶は、前の持ち主の念を必ず浄化させてから使いましょう。また、これらの石は前の持ち主に使われていた間に、その石に本来備わっているエネルギーがすでに切れていることも多いもの。ですから、パワーストーンとしてよりも、単なる装飾品と考えたほうがいいでしょう。

アンティーク店で買うときは、必ず一つひとつ手に持ち、インスピレーションを研ぎ澄ませて石のエネルギーを感じてください。いやな感じがしたら買わないほうが無難です。

次にお祓いの方法です。きれいな器に水と一つまみの粗塩を入れ、その中に石を入れて一晩つけてください。長くつけると、土台やチェーンが錆びるので気をつけて。その後、塩水をきれいに拭きとり、窓を開け、窓のそばの明るい日陰に1時間ほど置きましょう。日光を直接当てるとカットの凹凸の関係で発火する恐れがあるので、十分注意してください。

より念入りに行いたいときは、P.55にある封印をして、最低1年は保存しておきましょう。

形見にもらった水晶や宝石を処分したいときや、もらってから不吉なことが続く場合は、庭などの土に埋めるか、海に沈めましょう。

親戚などに、不要なお守りやお札をもらってしまったときは、くれた人の気持ちに感謝しつつ、後でおたきあげに出しましょう。おたきあげとはスピリチュアル・ワールドへお返しする行為ですから、くれた人に対して失礼にはあたりません。祈祷ずみのお札、手書きのお札などは、封印をしてからおたきあげに出してください。

Q

ラップ音や金縛りなどの心霊現象に悩まされています。霊を呼びやすい体質を克服するお祓いは？

A

お祓い

ラップ音は、音のメッセージを聞き分け、いやな音には柏手を。金縛りはネガティブな霊のしわざ、丹田を鍛えて撃退しましょう。

霊的なエネルギーが鳴らす音をラップ音と言いますが、これはすべて悪い現象とは限りません。鳴らしているのはその場にいる霊だったり、自分のガーディアン・スピリットだったり、または自分自身の念だったりとさまざまですが、大事なのはそれがどんな音かです。音のメッセージを受けとめたうえで、いやな感じの音には、柏手を打ってお祓いしましょう。

要注意なのは「ドーン」といった大きな音や、鈍い音。自分や身内に何かが起こる前ぶれかもしれないので、気を引き締めて過ごしましょう。「パキッ」などの細かい音は「慎重にね」といった忠告や、励ましである可能性が。鐘のような音、金属片を落としたような音は、努力をほめられていたり、何かの吉兆だったりします。

これに対し金縛りは、基本的にネガティブな霊のしわざ。自分自身の波長がネガティブなときに、低い霊を呼んで起きる現象です。

よく、頭は醒めていても身体が寝ていて動かないレム睡眠の状態を、金縛りと勘違いする人がいますが、これは問題ありません。心霊現象の金縛りでは、前兆として雑音や耳鳴りがしたり、あたりが渦巻くようなめまいを覚えます。その後ふっと一瞬の間が空き、すぐに動けなくなって、霊の気配や感触に支配され始めます。
金縛りを解くには、動けなくなる前の耳鳴りの段階や、一瞬の間が空いたときが勝負。ここで丹田《たんでん》に力を入れて息を思い切り吐くか寝返りを打ってください。これには丹田の力が要るので、ふだんからP.63の呼吸法などで丹田を鍛えておいて。付録の九字切りシールA（P.120参照）を台紙ごと枕に敷いて眠るとより安心です。

Q

厄年には不運な出来事が待ち受けているのですか？上手に乗り切るコツを教えてください。

A

お祓い

厄年とは、健康に注意する年。ふりたまや鎮魂法を毎朝の習慣に。大自然のパワースポットでポジティブなエネルギーをもらいましょう。

厄年とは不吉なことが起きる年という意味ではありません。注意すべきは健康。厄年とされている年齢は、ちょうど身体の変わり目にあたるため体調を崩しやすいのです。たとえば男性の42歳、女性の33歳の厄年は、ちょうど昔の人の更年期にあたったのではないでしょうか？

今の更年期がそれより10年以上後なのは、食生活などが変化したためでしょう。

したがって厄年を乗り切るコツは、この年を「健康強化年間」として上手に乗り越えること。厄年は結果が出る年なので、できればその数年前から注意して過ごすことが大切です。

基本的な生活習慣、すなわち食事、睡眠、運動などに気を配り、過労や不摂生をなくしていきましょう。P.13の入浴法もこまめに行うこと。この機会に人間ドックに入るのもおすすめです。

身体が変わり目を迎えると、肉体と幽体のつなぎ目が不安定になります。一番大切なつなぎ目である丹田を強くするために、寝るときは丹田に両手を当てましょう。P.33のふりたまや、P.119の鎮魂法を毎朝の習慣にすると、ずいぶん健康になっていきます。

運動は、無理に激しい運動をする必要はありません。年を重ねてくると新陳代謝も不活発になりがちなので、気功やヨガ、ストレッチなど、動作はゆっくりでも酸素を効果的に取り入れられる運動を行いましょう。

旅行も元気のもと。気分転換でき、運動にもなります。神社に出かければ、やわらかい波動に癒されます。海の浄化パワーにあやかれるタラソテラピーや、大地のパワーを吸収できる砂風呂などは特におすすめです。

Q

大切な人が他界しました。伝えられなかった思いや、遺していった品々などは、どうしたらいいですか？

A

お祓い

故人に手紙を書いてお棺に入れれば、思いは必ず伝わります。遺品は早めに片づけ、部屋を模様替えして気持ちの切り替えを。

身近な人の死は悲しいものです。まだまだ話したかったこと、せめて最後に一言伝えたかったこと、いろいろあるでしょう。そんなときは故人に手紙を書くといいのです。P.76の場合と同じで、書いているときの念は、相手が亡くなっていようと必ず伝わります。

手紙には「なぜ死んでしまったの」など故人の後ろ髪を引くようなことや、「ずっと守っていてね」というお願いの類は書いてはいけません。故人の浄化の妨げとなります。「今まで本当にありがとう」という感謝、「そちらの世界で元気でね」という励ましを、念を込めて綴りましょう。

お葬式に間に合えば手紙はお棺に入れてください。間に合わなければ海に流しましょう。手紙自体の形は失われても、念は伝わります。

次に遺品です。その人を象徴する数点のみ形見として残し、あとは早めに処分してください。遺骨も1カ月以上、家におかないこと。冷たいようですが、故人の霊がこの世に未練を残さないために割り切ることです。「もう片づけますね。あなたもこの世に執着せず、浄化してね」と故人に話しかけながら片づけていきましょう。写真は、見るのもつらいようなら、しばらく紙などにくるんでしまっておきましょう。部屋の模様替えも、故人のオーラを除去するために効果的。ものは捨ててもたましいの絆は消えません。

あの世では必ず再会できますから、ここは思い切って気持ちを切り替えましょう。

喪中のお宮参りは、スピリチュアルな視点ではタブーではありません。死は穢《けが》れではないからです。大切な人を亡くして元気のないときこそ、大自然や神社のパワーを授かりましょう。

Q

おみくじを引いたら、大凶が出てしまいました。不幸な運勢は、変えられないのですか？

A

お祓い

おみくじで大切なのは、吉か凶かではなく、〝本文〟。スピリチュアル・ワールドの神様の助言を感性で読みとりましょう。

おみくじを引き、吉凶の判断だけ見て一喜一憂する人は多いようです。でも、本来、おみくじとは、神様にいただく「助言」なので、大凶や凶を引いてもあまり気にしなくていいのです。神様はあなたへの助言を、吉凶にではなく、はじめの文章に表してくださっています。昔風の文章に慣れていないと抽象的でわかりづらいかもしれませんが、そこは感性を働かせて。あなたなりのインスピレーションで、文章の言霊《ことたま》や音霊《おとたま》からメッセージを読みとりましょう。

今の自分にとって的確な助言をいただくには、おみくじを引く前に、目的をあらかじめはっきりさせておくことが大切です。何に対しての助言をいただきたいのか、お参りに出かける前から心に決めておいてください。そして拝殿でお参りするときに「本日はお言葉をちょうだいしたいと存じます。おみくじに託して、今の私のたましいに必要なメッセージをください」と念じてください。

　お参りが終わったら、その足でおみくじに向かい、念を込めて引きましょう。念力が十分に高まっていれば、今の状況に対する的を射たメッセージがそこに書いてあるはずです。

　また、おみくじを神社やお寺に結んで帰るのは、実は間違った風習です。せっかくいただいた助言ですから、たとえ大凶であっても持ち帰り、しばらくとっておきましょう。私はよく、引いた日の日記にはっておきます。

　月日がたち「このおみくじはもう十分参考にさせていただいた」と思ったら、捨ててかまいません。可能なら、引いた神社やお寺にご報告とお礼に出かけ、おたきあげに出しましょう。

Q

鏡が割れたり、人形が壊れたりするのは、不吉な前兆？もし、そうならば、どんなお祓いが必要ですか？

A

お祓い

鏡は霊的世界への出入り口。割れたら封印して処分しましょう。念やたましいがこもりやすい人形の処分は、封印の後〝おたきあげ〟へ。

鏡はとても神聖でスピリチュアル。霊的な波動を敏感にキャッチしますから、割れたり、ひびが入ったりしたら、警告的なメッセージと受けとめ、気を引き締めて過ごしてください。

時には鏡が人間の身代わりとして割れることもあります。たとえば家族の誰かの気持ちが荒《すさ》んでいて、そのネガティブなエネルギーが事故を招きかねないところを、鏡が代わりに割れてくれ、本人が助かることもあるのです。

鏡を処分するときは、P.55の方法で封印してから危険物として出しましょう。自宅に庭がある人は土に埋めてもかまいません。

人形もとてもスピリチュアルなものです。人間に似たリアルな人形ほど、持ち主の念がこもりやすく、実際にたましいが宿ることもあります。ですから、人形が壊れたときも要注意。壊れ方により、具体的なメッセージをくれていることもあります。たとえば首がとれてしまったら、首やのどを大事にするよう、持ち主や家族に注意を促しているのかもしれません。

　人形を処分するときは、やはり封印しておたきあげに出しましょう。たましいが宿っているかもしれないので、ごみに出してはいけません。壊れてはいないけど古くなった人形を処分したいときも、同じ方法をとってください。

　ひな人形の由来は、人間の災厄を封じ込めた人形《ひとがた》。当時は、「流しびな」として毎年川に流していたものを、とっておくように今は習慣が変わったものです。だから、浄化はまめにしてください。毎年しまうときには必ず封印を。一体ずつは大変ですから、箱自体に九字切りシールB（P.120参照）をはるだけでかまいません。

Q

箸が折れたり、茶碗が割れたり、という日常のアクシデント。大したことはないと思っても気になってしまいます。

A

お祓い

ちょっとした忠告の可能性もありますが、お祓いは特に要りません。

箸や茶碗は毎日使っているものなので、壊れると不吉な感じがします。でもこれも、持ち主に対する「ちょっと心を引き締めて」程度のメッセージと考えていいでしょう。

写真立ては、壊れたら普通に捨ててかまいません。ただし割れたり壁から落ちたりしたら、「写っている人に何かあるかもしれないよ」というちょっとした忠告である可能性はあります。

写真立て自体や、箸や茶碗は、P.112の鏡や人形と違ってスピリチュアルな性質をもったものではありません。ただ壊れただけということも多いので、気にしすぎなくても大丈夫です。

8

How To Exorcise & Spiritual Tests

お祓いのやり方&スピリチュアル・テスト

あなたのオーラカラーは？

私たちは、たましいが放つ輝きの色ともいうべきオーラカラーを持っています。これらの色は、その人の個性を表しています。下のテストに直感で答えていくと、自分のオーラカラーがわかります。個性を強調したいときは、自分のオーラカラーを身につけると上手くいきます。また、色自体にもパワーがあるので、色ごとの特徴を知っていると役に立ちます。たとえば自分に情熱的な要素を取り入れたいときは、〝赤〟を身につけるといいのです。

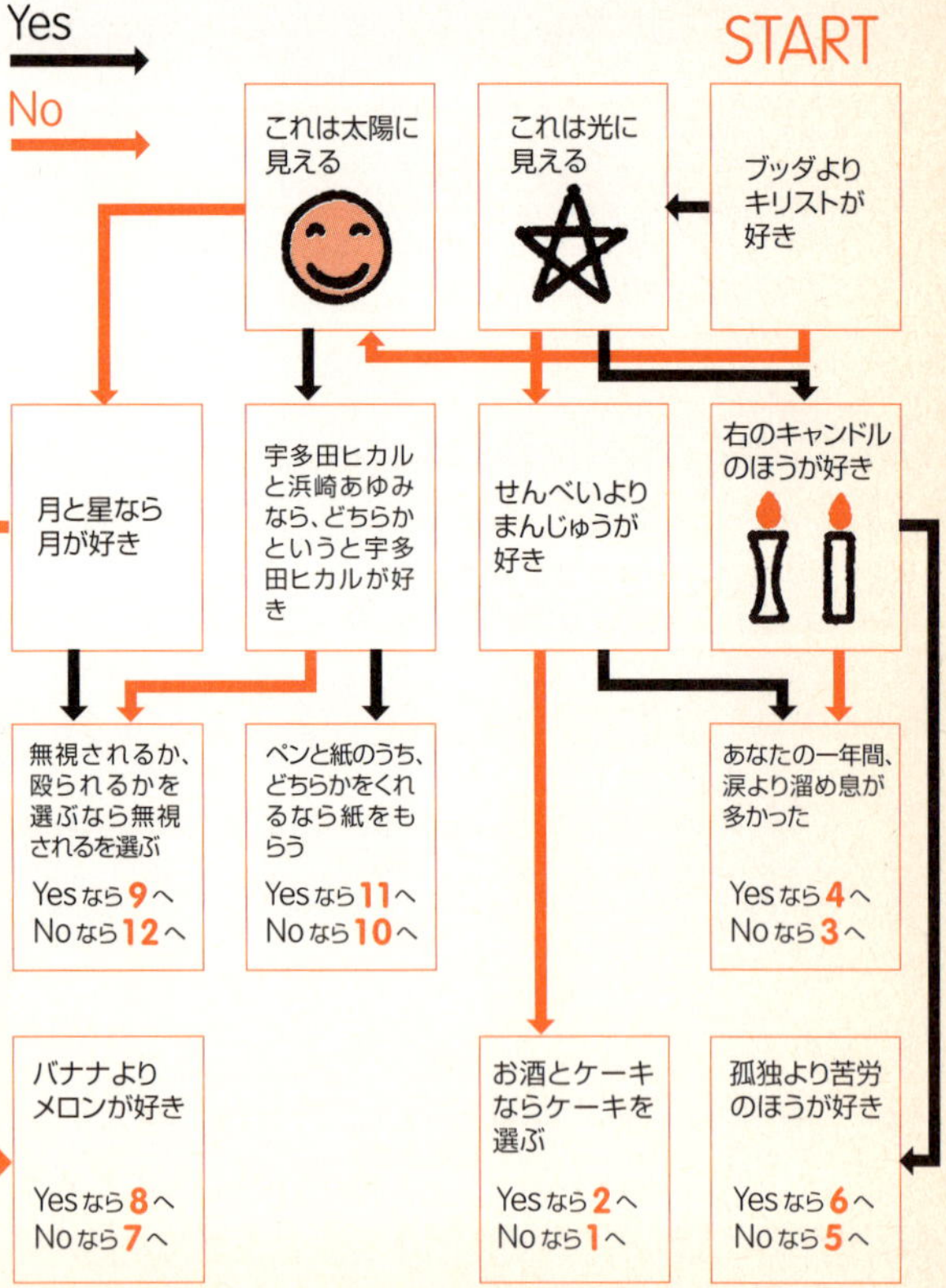

Yes
No
START
ブッダよりキリストが好き
これは光に見える
これは太陽に見える
右のキャンドルのほうが好き
せんべいよりまんじゅうが好き
宇多田ヒカルと浜崎あゆみなら、どちらかというと宇多田ヒカルが好き
月と星なら月が好き
あなたの一年間、涙より溜め息が多かった
Yesなら4へ
Noなら3へ
ペンと紙のうち、どちらかをくれるなら紙をもらう
Yesなら11へ
Noなら10へ
無視されるか、殴られるかを選ぶなら無視されるを選ぶ
Yesなら9へ
Noなら12へ
孤独より苦労のほうが好き
Yesなら6へ
Noなら5へ
お酒とケーキならケーキを選ぶ
Yesなら2へ
Noなら1へ
バナナよりメロンが好き
Yesなら8へ
Noなら7へ

オーラカラーとその特徴。

1 赤

正義感とバイタリティーあふれる熱血漢。情熱的で頼もしく、一つのことへの集中力と信念は飛び抜けています。一方、思い込みが激しく、落ち込むとなかなか立ち直れない極端さも。

2 オレンジ

明るく朗らかなムードメーカー。協調性があり庶民的なので、みんなに慕われます。趣味は豊富ですが、キャリア志向は強くありません。おっちょこちょいで、あきらめやすいのが欠点。

3 赤紫

赤の情熱と、紫のやさしさを兼ね備えたタイプ。調和を重んじ、すぐれたバランス感覚を持っています。人に迷惑をかけたくないあまり、対人関係に距離をおきがちなところもあるようです。

4 紫

やさしくて穏やかな面倒見がいいタイプ。赤の情熱と青のクールさをあわせ持っています。崇高なものを求める気持ちが強い分、貪欲な競争心には欠けます。お人よしすぎる点に注意。

5 銀

理性と知性に富む優等生タイプ。まじめでおとなしく、人とはまったく違う独自の感性で、崇高なものを求めています。地味に見られがちなため、本来の知的さを理解されにくい損な面も。

6 金

自由奔放にわが道をゆく芸術家タイプ。明るくポジティブな天才肌で、スピリチュアルな境地も高い人です。こだわりが強く人と同じことを極端に嫌うため、周囲から浮いてしまうことも。

7 青紫

いたずらに夢を持たない現実主義者タイプ。現実をふまえた冷静な判断が得意なので、仕事のできる人として活躍します。ものごとを斜に構えて見る傾向があるので、温かさも心がけて。

8 緑

どっしりとした安定感のある癒し系タイプ。やさしくて調和のとれた性格で、多くの友だちに恵まれます。知的で勤勉ですが、好奇心に乏しく無欲な面も。時には冒険もしてみましょう。

9 青

非常に知的でクールなタイプ。冷静な判断力で現実を鋭く見極める人なので、仕事も有能です。ただし自己アピールやコミュニケーションはやや苦手。冷たい印象を与えないよう注意して。

10 黄緑

グループをまとめるのが得意な平和主義者タイプ。つねに安定した心を持ち、朗らかなので周囲に好かれます。流されやすいのが欠点で、場合によっては八方美人と思われることも。

11 黄

ユーモアに富んだひょうきん者タイプ。明るく朗らかで心根がよく、人を癒す存在感があります。ただ、気弱で自己主張が苦手なのが難点。そそっかしく早とちりも多いので気をつけて。

12 青緑

思慮深くてやさしい、大人の魅力が漂うタイプ。包容力があり、控えめで、ものごとにあまりこだわりません。ただしそれが裏目に出て、よくわからない人と誤解されてしまうことも。

あなたの憑依体質の強さは？

感情の起伏が激しく、朗らかで気が利くほうだけど、意外とクヨクヨ悩みがち。もしこんな性格に心当たりがあるとしたら、あなたは〝憑依体質〟が強い人かもしれません。

憑依体質とは、他人や霊の想念を受けやすい、いわば霊的に敏感なタイプのことです。感受性が豊かな人に多く見られます。

この資質は、実は太りやすさにも関わってきます(P.61参照)。下のテストで、あなたの憑依体質の強さをチェックしてみてください。

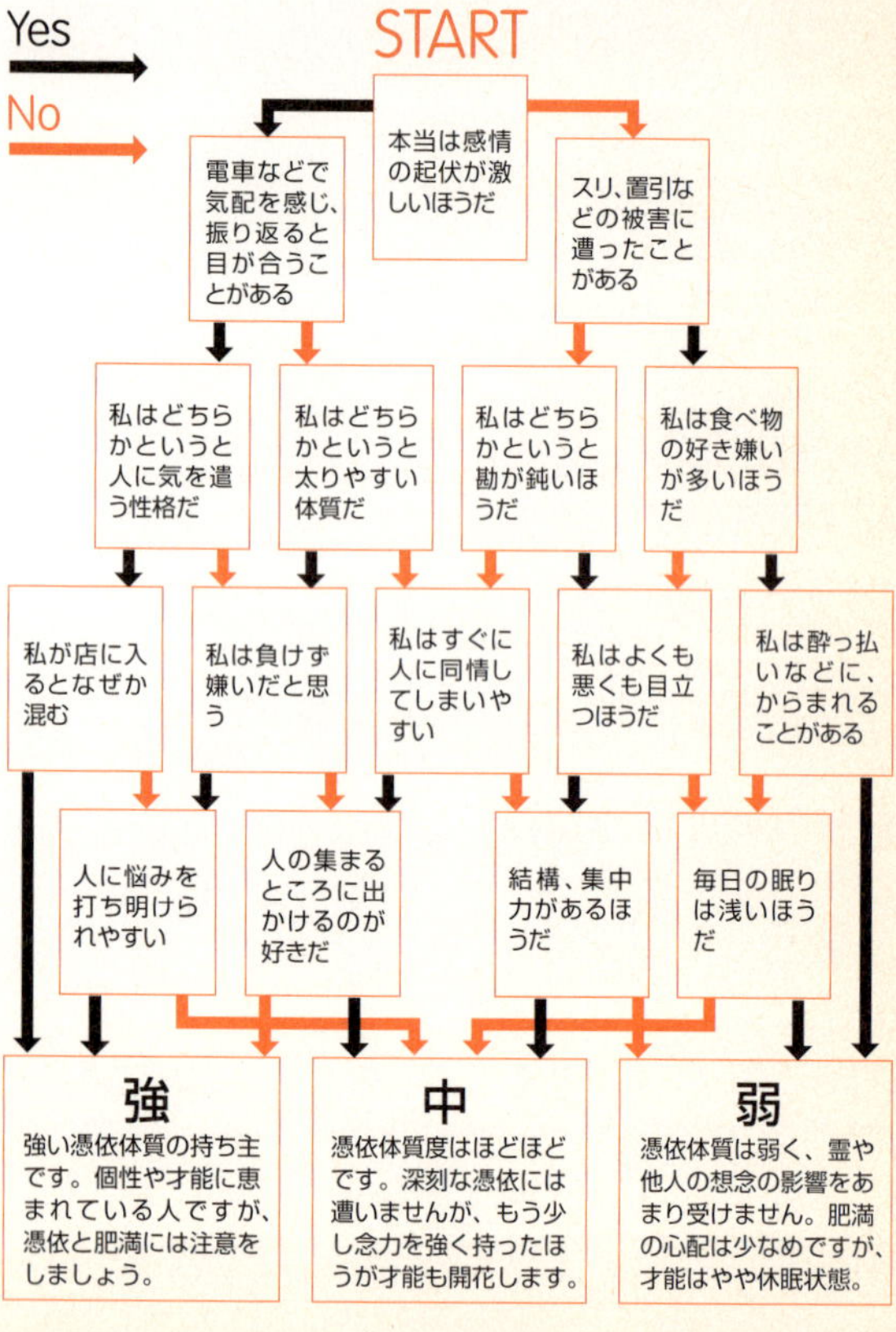
Yes
No
START
本当は感情の起伏が激しいほうだ
電車などで気配を感じ、振り返ると目が合うことがある
スリ、置引などの被害に遭ったことがある
私はどちらかというと人に気を遣う性格だ
私はどちらかというと太りやすい体質だ
私はどちらかというと勘が鈍いほうだ
私は食べ物の好き嫌いが多いほうだ
私が店に入るとなぜか混む
私は負けず嫌いだと思う
私はすぐに人に同情してしまいやすい
私はよくも悪くも目立つほうだ
私は酔っ払いなどに、からまれることがある
人に悩みを打ち明けられやすい
人の集まるところに出かけるのが好きだ
結構、集中力があるほうだ
毎日の眠りは浅いほうだ
強
強い憑依体質の持ち主です。個性や才能に恵まれている人ですが、憑依と肥満には注意をしましょう。
中
憑依体質度はほどほどです。深刻な憑依には遭いませんが、もう少し念力を強く持ったほうが才能も開花します。
弱
憑依体質は弱く、霊や他人の想念の影響をあまり受けません。肥満の心配は少なめですが、才能はやや休眠状態。

〝鎮魂法〟で、たましいを活性化し、ヤル気を出しましょう。

鎮魂法は、動作をともなう一種の呼吸法です。幽体と肉体をしっかりとつなぎ合わせ、たましいを活性化させるために行います。疲れがとれないときや、何をする気力も起きないときに効果があり、人間関係がうまくいってない人にもおすすめです。

行う時間は朝が最適です。夜に行うと活力がみなぎって、眠れなくなる可能性があります。
鎮魂法は静かな場所で行います。まず、P.33の「ふりたま」という精神統一を行ってください。それから鎮魂法に入ります。

まず、両足の裏を合わせて座ってください。これが基本姿勢です。身体の硬い人も次第に慣れてきます。両手は、おへその前でバレーボールのレシーブの形に組みます。背筋を伸ばしたらスタートです。左図の順に行ってください。

1

鼻から深く息を吸い込みます。次に口から息を吐きながら、組んだ両手をおへそからゆっくり右回りにぐるっと10回水平に回します。1回転ごとに「ひ、ふ、み、よ、い、む、な、や、こ、と」と、昔の言霊で数えてください。これをひと息の間に行います。

2

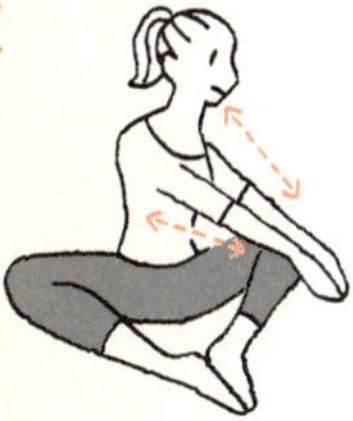

次は組んだ両手を前に伸ばし、また引き寄せておへそに戻します。上半身を大きく動かし、前から戻すたびに両手できちんとおへそにふれるのがポイントです。この動作も、ひと息の間に10回、昔の言霊で数えながら行ってください。

3

最後は、組んだ両手を上げて額にふれ、また下げておへそに戻す動作です。これもひと息の間に10回。以上で3ステップで1クール。真剣にやるとかなり疲れます。これをはじめは2クール、慣れてきたら3クール行いましょう。

付録のシールの使い方

お守りシール

あなたや大事なものを守ります。

私が主宰する「スピリチュアリズム研究所」のシンボルマークです。創立した当初に知人にデザインしてもらったもので、この世とスピリチュアル・ワールド、たましいの流れなどが円や線に表現されています。

お守りとして、大事なものや場所にはってください。台紙ごと切り抜いて、お財布などに入れてつねに持ち歩くのもいいでしょう。旅行の際にはバゲージにはってください。

九字切りシールA

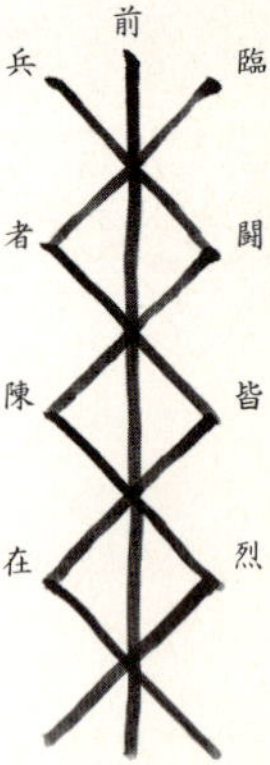

負のエネルギーを遮ります。

×を縦に並べる形に九字を切ったこのシールは、主に、負のエネルギーを感じる場所にはってください。家の隣に墓地がある場合や、隣に苦手な人が住んでいるときなどに、その方向の壁にはると、ネガティブなエネルギーの影響が遮られます。家の玄関にはると、家全体が守られます。台紙ごと切り抜いて、机の中や車のダッシュボードなどに入れておけば、強い魔よけになります。

九字切りシールB

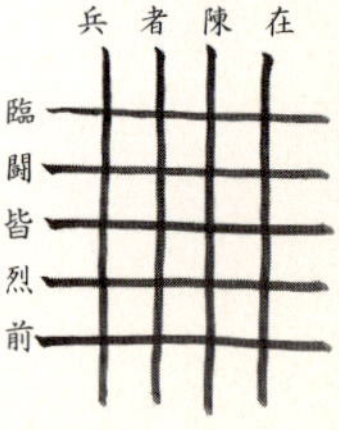

ものにこもった念を封印します。

線を垂直に交差させて九字を切ったこのシールは、主に、ものにこもった念を封印するときに使ってください。それをくれた人や、前の持ち主の念を浄化させたいとき、またはひな人形や家宝など、歴史的因縁のあるものを保管しなければならないときは、このシールを使い、P.55の手順で封印してから保存してください。割れた鏡などは、このシールで封印してから処分するようにしましょう。

付録の「護符」と「人形《ひとがた》」について

●付録の「護符」と「人形」は、私が霊学を学び、スピリチュアル・ヒーラーとして修行を重ねる過程で考え、古神道的な要素も取り入れて、完成させたものです。

●護符は、思いを込めながら書くことに大きな意味があります。自分のことにもっとも念を込められるのは自分自身だからです。書いている段階の念の強さが一番大事です。

●あなたの願いが正しく、現実的な努力も重ねていれば、あなた自身の念力のこもったこの護符が必ず効力を発揮することでしょう。あなたを見守ってくれるガーディアン・スピリットのサポートを受けられるよう、念を持ち続けて願いを実現させてください。

●どの護符を書くときも、大切なのは自分の「動機」です。動機は、前向きでなくてはなりません。ネガティブな動機で書いた場合は、必ずその念が自分自身に返ってきます。

「護符」や「人形」を書くときの注意

1 夜などの、なるべく一人で落ち着ける時間に行いましょう。

2 まず身体を清めます。お風呂やシャワーで、心身の汚れをぬぐい去ってください。

3 一枚につき、願いは一つです。コピーはせずに付録の原紙をお使いください。

4 掃除のゆき届いた、きれいな机に護符を置き、筆ペンを用意します。

5 姿勢を正し、心から願いながら書き込みましょう。書いているときにどれだけ念を込めたかが護符の効力を決めます。

護符の書き方・使い方

●「護符」は、願いを叶えたいとき（祈願）、いやなことを断ち切りたいとき（お祓い）の両方に使えます。書き方は⑥を除き共通です。

●「願意」は自己流の言葉でかまいません。入学試験や就職試験の合格祈願ならば、「願意」のところに「○○（学校や会社の名前）合格」と具体的な名前を入れましょう。「交友関係が広がる」など動詞を使った表現でも結構です。ただし、言葉はできるだけシンプルに。シンプルに書けないとしたら、自分自身がまだその願いに対して念を集中できていない証拠です。

●他人のことで護符を書くときは、「住所」「氏名」にその人のものを書きます。

①「家悪因縁」の上に父方、母方の姓を書き、「○○家、△△家の悪因縁が切れない」と唱えます。

②①の上に九本の線を図Aの要領で書き込みます。一本の線を引くごとに、次の文字を唱えます。「臨（リン）・兵（ピョウ）・闘（トウ）・者（シャ）・皆（カイ）・陳（チン）・烈（レツ）・在（ザイ）・前（ゼン）」。この行為は、「九字を切る」といい、ここでは代々その家に伝わる悪因縁を絶つために行います。線の最後は、護符の左下にある「光」という文字の頭部につなぎます。

※図Aでは全部で四字なので、4つの「×」がちょうど字と重なっていますが、文字数に関わらず、4つの「×」が全体に均等の間隔になるように書きます。

③「住所」の左に、自分の住所を、声に出しながら書き込みます。

④「願意」の上に、祈願やお祓いの内容（「良縁」「悪因縁」など）を声に出しながら書きます。

⑤「氏名」の左に、自分の名前を、声を出しながら書き込みます。

⑥【祈願の場合】……名前の最後の文字から線を延ばし、「願意」の周囲を右から時計回りに3回囲み込むようにして、最後に①と同様「光」という文字の頭部につなぎます。

【お祓いの場合】……「○○（願意）が切れない」と声に出して、「願意」の文字の上に、②と同様に九字を切ります。線の最後は、護符の左下にある「光」という文字の頭部につなぎます。

⑦①から⑥を、あと3回くり返します。3回なぞるので最初の文字は読みにくくなりますが、それでかまいません。

⑧最後に「オンキリキリハラハラフタ

「祈願」の場合

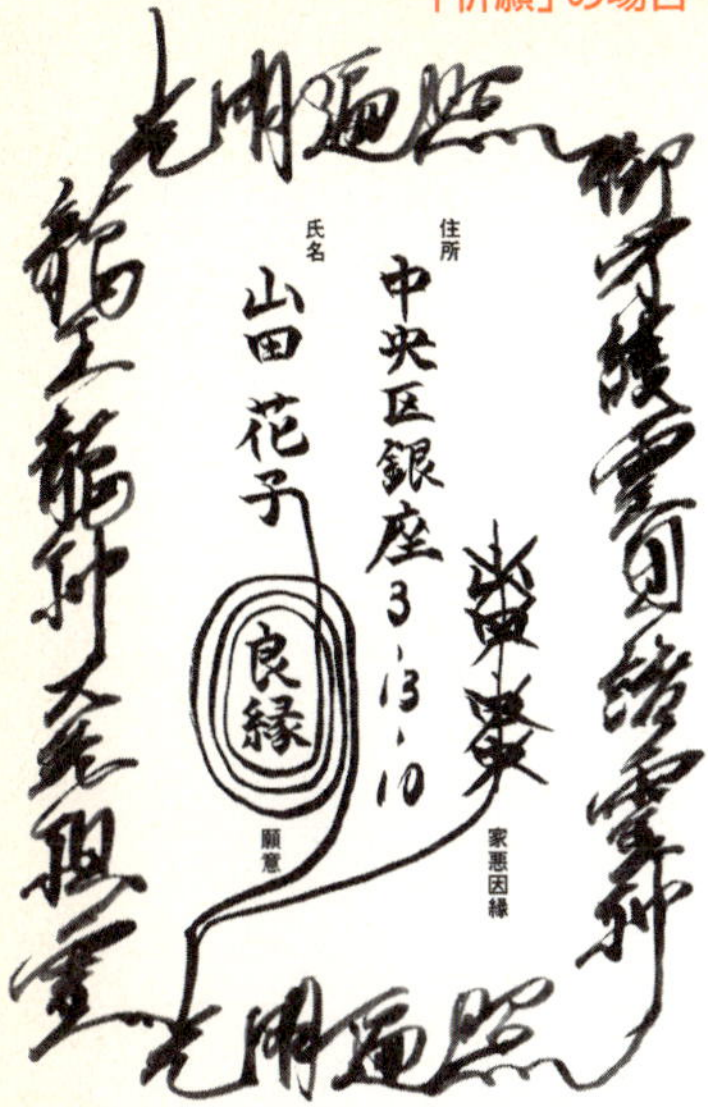

上の記入例は、山田花子さんの良縁を祈願する場合。下の記入例は、山田花子さんが、佐藤一郎さんとの悪因縁を絶ち切りたい場合です。

「お祓い」の場合

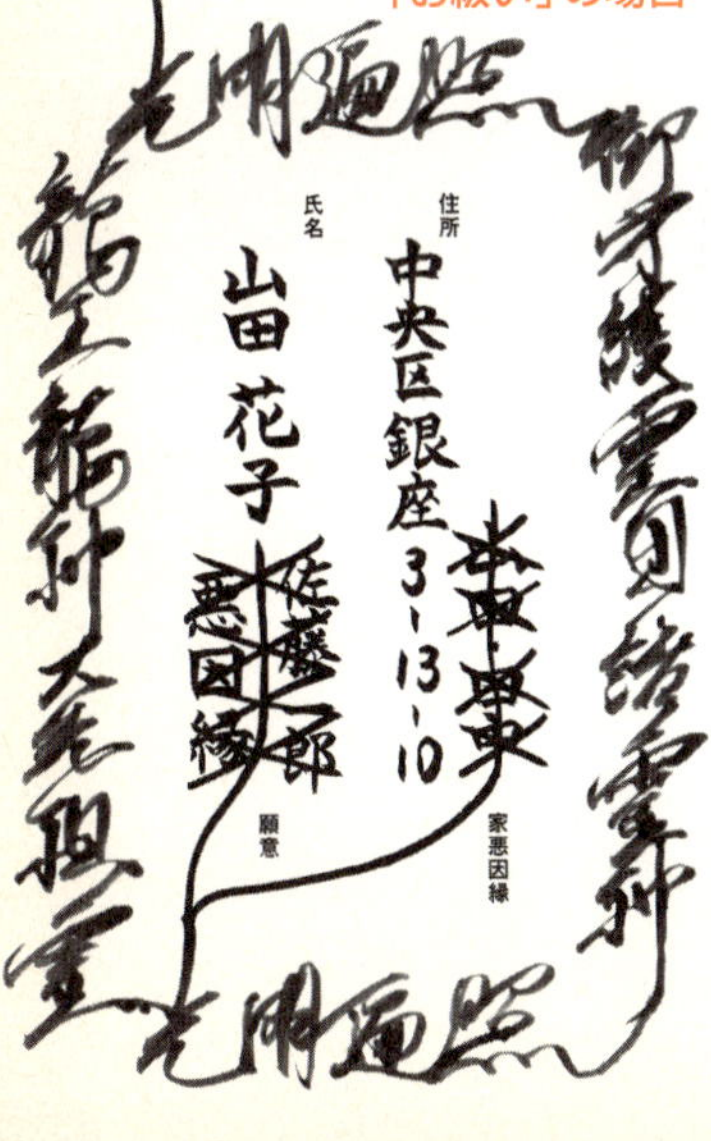

九字の切り方（図A）

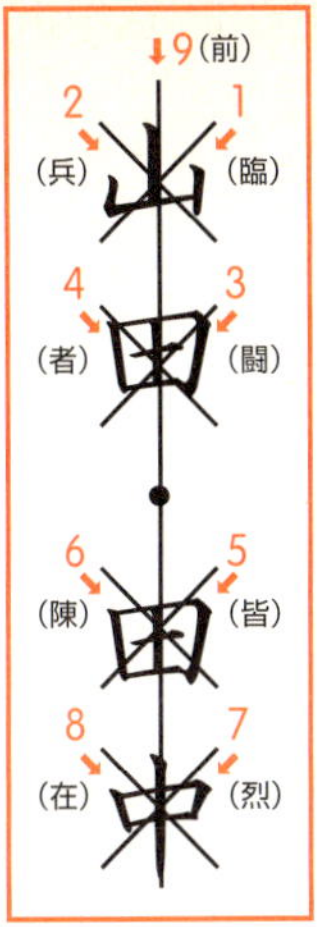

ランパソツソワカ」と唱えます。

⑨書いた護符はお財布などに入れてつねに持ち歩くか、自分の部屋などにはっておきましょう。ただし家族など他の人に見られると念が薄れて効力も減じてしまいますから要注意。お財布などに入れる場合は折り曲げてもかまいません。面接などのいざというときには、必ず身につけて持ち歩きましょう。

⑩「護符」が役目を果たしたと思われるときは、おたきあげに出すか、海や川に流しましょう。

封じ護符の書き方・使い方

●嫉妬やいじめなどのネガティブな念を受けているとき、ストーカーなどの嫌がらせ行為を受けているとき、自分や他人の困った癖（過食症や浪費癖など）を断ちたいときに使います。

①人形の頭の部分に、断ちたい内容にかかわる人の性別と年齢を書き、胴体の部分に氏名を書きます。

・田中一郎さんからのいやがらせを断ちたいときは田中一郎さんの性別、年齢、氏名を。

・自分の困った癖を断ちたいときは自分の性別、年齢、氏名を。

・氏名がわからないときは、ストーカー行為なら「ストーカー」、無言電話をかけてくる人なら「無言電話犯」などとしてください。性別、年齢もわからなければ、空欄のままでかまいません。

②人形のまわりにある「北」の字の下に、図Bの書き順で「九字」を唱えながら書き入れます。

③続けて、反時計回りに西、南、東の脇にも、同じように「九字」を唱えながら書き入れます。

④③を海か川に流すか、灰皿の上などで燃やしてください。

九字の切り方（図B）

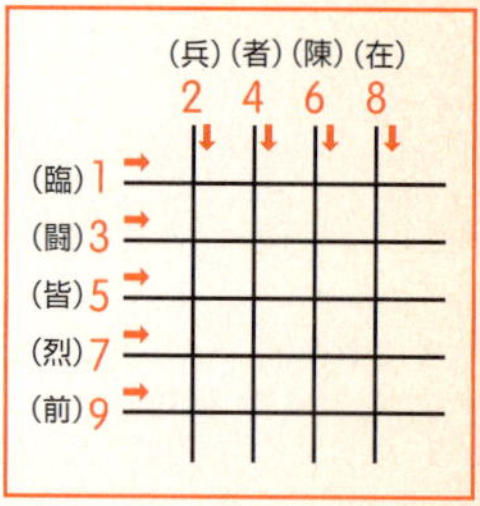
(兵)
(者)
(陳)
(在)
2
4
6
8
(臨)1
(闘)3
(皆)5
(烈)7
(前)9

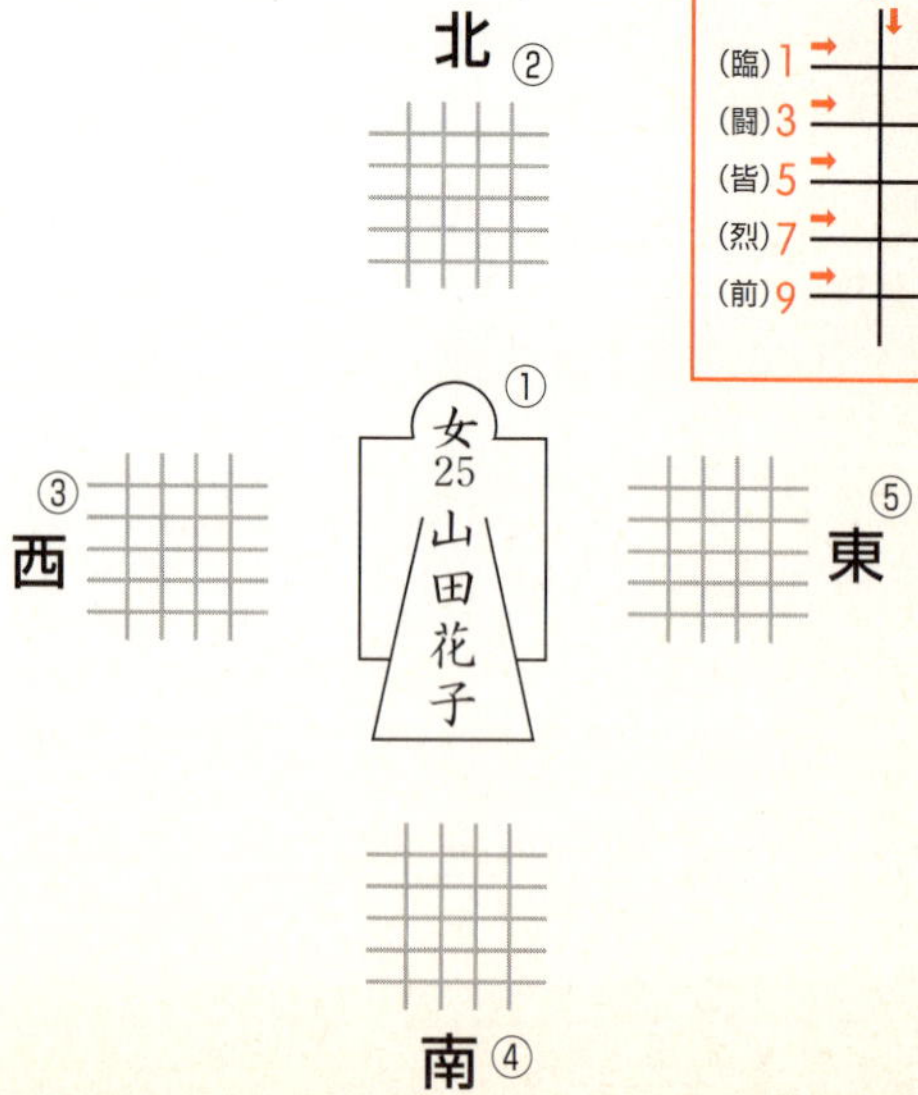
北
②
①
女
25
山田花子
③
西
⑤
東
南
④

人形《ひとがた》の書き方・使い方

●どうも気分がすぐれないとき、雑念を払いたいとき、自分に邪気がたまっていると思えるとき、憑依を受けている気がするときに使います。

①人形の頭の部分に、自分の性別と年齢を書き、胴体の部分に氏名を書きます。

②①で身体のあちこちをさすります。具合の悪い部分があるときは、そこを念入りにさすります。

③②にはーっと息を吹きかけます。このとき、自分自身の邪気をすべて吐息とともに出し、人形に封じ込めるイメージを持ちます。

④「山田花子（自分の名前）の邪気が切れない」と声に出しながら、氏名の文字の上に図のように「九字」を切ります（切り方はP.122を参照）。

⑤④を海か川に流すか、家の中なら灰皿の上などで燃やしてください。

※本人が自分ではできない場合（子どもなど）は、代わりにやってあげてもかまいません。その場合は、①の性別、年齢、氏名は本人のもの。②では本人の身体を人形でさすってあげ、③では本人に息を吹きかけてもらいましょう。

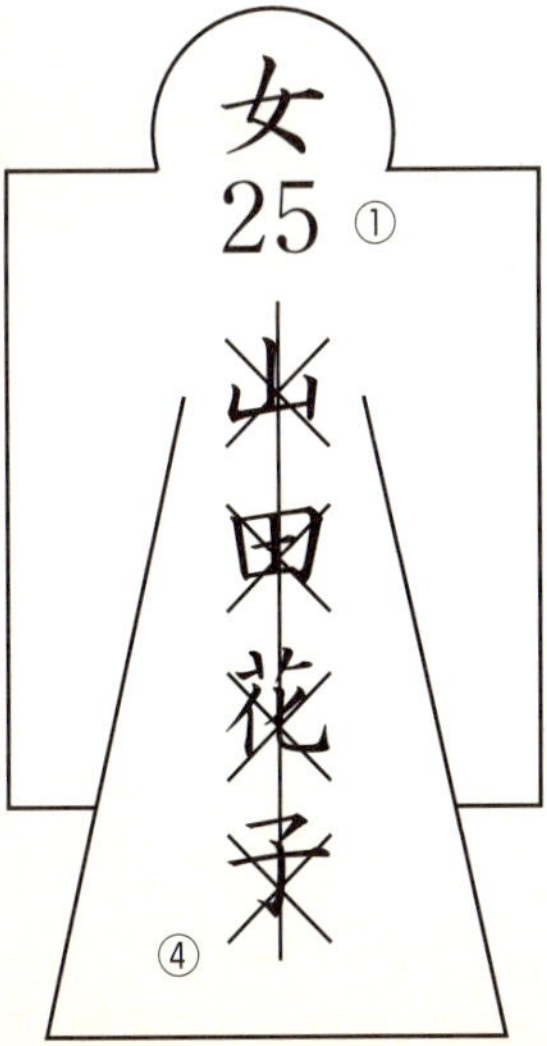

江原啓之　えはらひろゆき

1964年生まれ。スピリチュアル・カウンセラー。世界ヒーリング連盟会員。和光大学人文学部芸術学科を経て、國學院大学別科神道専修Ⅱ類修了。1989年にスピリチュアリズム研究所を設立。英国で学んだスピリチュアリズムも取り入れ、カウンセリングを行う。主な著書に、『幸運を引きよせるスピリチュアル・ブック』『江原啓之のスピリチュアル子育て』『スピリチュアル幸運百科』など。現在、東京と大阪で月1回、「スピリチュアル講座」を開講している。

江原啓之ホームページ
http://www.ehara-hiroyuki.com
※ お手紙でのご相談はお受けしておりません。

プチ スピリチュアル
お祓《はら》いブック

2003年11月13日　第1刷発行
2006年6月20日　第25刷発行
著者　江原啓之
発行者　石﨑 孟
発行所　(株)マガジンハウス
〒104-8003
東京都中央区銀座3-13-10
電話　書籍営業部　03-3545-7175

印刷／製本　大日本印刷(株)
装丁　細山田光宣、岡 睦
表紙ロゴマーク&イラスト　添田あき

ISBN4-8387-1480-7　C0039
乱丁・落丁本は小社書籍営業部宛にお送り下さい。送料小社負担にてお取り換えします。
定価はカバーと帯に表示してあります。